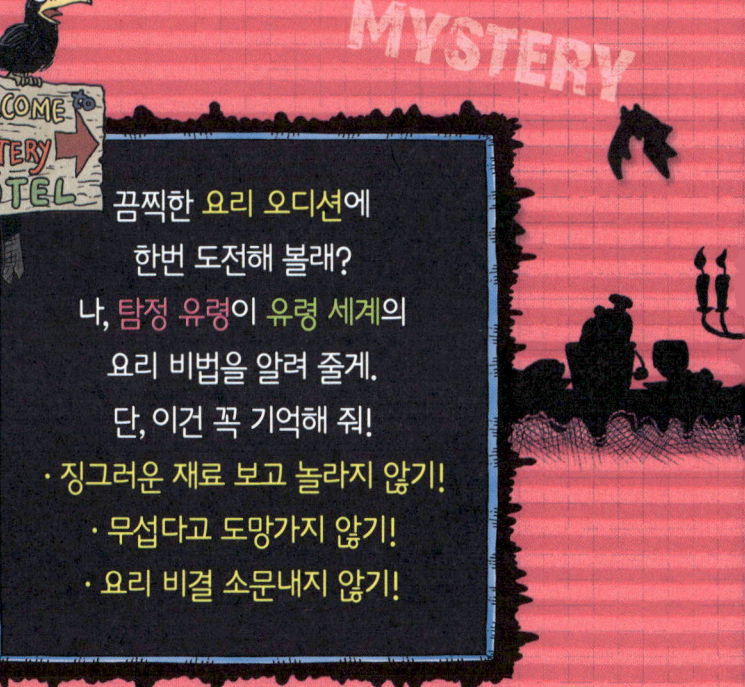

끔찍한 요리 오디션에
한번 도전해 볼래?
나, 탐정 유령이 유령 세계의
요리 비법을 알려 줄게.
단, 이건 꼭 기억해 줘!
· 징그러운 재료 보고 놀라지 않기!
· 무섭다고 도망가지 않기!
· 요리 비결 소문내지 않기!

감수 · 이지연(수학영재교육원 강사 및 초등학교 교사)
2010년 서울교육대학교 졸업 후 현재 서울미동초등학교에서 학생들을 가르치고 있습니다.
서울특별시서부교육지원청 영재교육원(수·과학융합분야) 강사 및 서울특별시 지정 단위학교
수학영재학급 강사로 활동하고 있습니다.

지음 · 정재은
출판 편집과 방송 작가 등 여러 직업을 통해 얻은 경험을 바탕으로 어린이 작가로 활동 중입니다.
그동안 지은 책으로는 《수학이 궁금할 때 피타고라스에게 물어봐》《개념 쏙쏙 참 쉬운 수학》
〈스토리텔링 수학〉 시리즈의 《불가사의 수학》《스파이 수학》《바이킹 수학》《로봇 수학》 등이 있습니다.

그림 · 김현민
2000년 주간 〈아이큐 점프〉에 '비켜 비켜'를 연재하면서 데뷔하였습니다. 펴낸 책으로는 《퀴즈! 과학상식−곤충》
〈스토리텔링 수학〉 시리즈의 《미로 수학》《캠핑 수학》《게임 수학》《불가사의 수학》《로봇 수학》 등이 있습니다.

2015년 5월 30일 개정판 1쇄 펴냄
2022년 2월 20일 개정판 9쇄 펴냄

지음 · 정재은　**그림** · 김현민
감수 · 이지연(수학영재교육원 강사 및 초등학교 교사)
채색 · 박은자　**표지 채색** · 최윤열

펴낸이 · 이성호
펴낸곳 · (주)글송이

편집/디자인 · 임주용, 최영미, 한나래, 권빈
마케팅 · 이성갑, 윤정명, 이현정, 김병선, 문현곤, 조해준, 이동준
경영지원 · 최진수, 이인석, 진승현

출판 등록 · 2012년 8월 8일 제2012−000169호
주소 · 서울시 서초구 능안말1길 1 (내곡동)
전화 · 578−1560~1　**팩스** · 578−1562
홈페이지 · www.gsibook.com

ⓒ글송이, 2015

　ISBN 979−11−7018−032−6　74410
　　　　 979−11−86472−87−3　（세트）

*이 도서의 국립중앙도서관 출판시도서목록(CIP)은 서지정보유통지원시스템 홈페이지(http://seoji.nl.go.kr)와
　국가자료공동목록시스템(http://www.nl.go.kr/kolisnet)에서 이용하실 수 있습니다. (CIP제어번호: CIP2015013241)

냠냠 맛있는 **요리 수학**

요리와 수학! 언뜻 들으면 어울리지 않는 조합인 것 같다고요?
요즘 대세인 '스팀 교육(융합인재교육)'과 '스토리텔링 수학 교육'
측면에서 보면 요리는 수학을 공부하는 데 있어 아주 훌륭한
재료이자 이야기감이에요.
천재가 되고 싶은 안천재, 진짜 천재 진지한, 공포의 여왕
주리가 미스터리 호텔에서 여는 엽기적이고 오싹하고
끔찍한 요리 오디션에 도전한다고 해요.
요리의 주제답게 등장하는 요리 제목도 '해골 장식 소간
스테이크', '홍어프랑켄슈타인', '황소개구리는 살아 있을까' 등
하나같이 끔찍해요. 요리처럼 펼쳐지는 사건 또한 끔찍하지요.
물론 이번에도 우리의 수학 탐정 유령 마방진이 등장해
함께 수학 사건을 해결해요.
미스터리 호텔을 무대로 흘러가는 괴이하고 수상쩍은
스토리텔링 수학 이야기를 즐겁게 따라가다 보면, 어느새
창의력과 문제해결력이 쑥쑥 자라나 있을 거예요.

수학영재교육원 강사 및 초등학교 교사 **이지연**

MYSTERY
정체불명의 유령이 미스터리 호텔을 떠돌고 있다

"여긴 어디? 나는 누구?"
자신이 사람인지 유령인지도 모르는 유령 하나가
어린이들 주위를 떠돌고 있다.
갑자기 너희의 뒷목이 오싹오싹 서늘해지면
유령의 차가운 입김이 목에 닿았다는 증거!
그럴 땐 바로 나, 탐정 유령 마방진을 불러.
내 비장의 무기인 뛰어난 수학 실력으로 너희가
유령에게 홀리지 않도록 지켜 줄게.
안천재, 이제 그만 빼고 나와 봐.
네 수학 실력이 점점 좋아지고 있으니
나와 함께 이 끔찍한 미스터리를 풀어 보자.
참, 유령이 칼과 불을 잘 쓰니 조심하는 것 잊지 말고!

From 수학 탐정 유령

  차례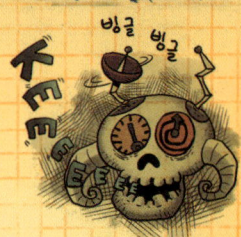

프롤로그

귀신산에 있는 **미스터리 호텔**
…9

2 **13**을 이용한 **끔찍한 수학 요리**
…28

4 **해골 동그랑땡**의 **수상한 맛** …56

원시인이 그릇에
그린 수학 무늬 ·69

6 **유령 파이**는 **모두 몇 개** 일까?
…81

8 **무시무시한 복어 독 계산법**
…102

1 **고스트 베이커리**의 **엽기 케이크** 자르기
…16

거듭제곱의 마술,
수타면 ·27

3 **코스 요리 속**의 **수학 게임** …43

5 **수학 탐정 마방진**이 **나타나다!** …70

7 **미스터리 회장**이 낸 **수학 수수께끼**
…94

온도에 따라 맛이
달라지는 요리 ·101

9 수학 수수께끼에 끼어든 **수상한 요리사**
····113

10 삼각자로 만든 외눈박이 초콜릿
····122

벌레로 식량 부족을 해결하라! ·133

11 미스터리 회장의 암호 편지 ····134

12 드디어 시작된 끔찍한 요리 오디션!
····143

13 무섭고도 황당한 밀대의 비밀
····154

불행한 요리사, 프랑수아 바텔 ·163

14 굿맨의 비밀 노트를 훔친 사람은?
····165

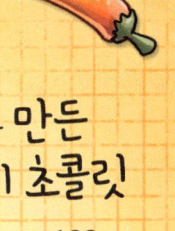

15 되살아난 그날의 기억
····176

에필로그
도전! 꿈틀꿈틀 지렁이 요리
····187

달콤한 설탕의 쓰디쓴 역사 ·192

초등 수학 교과 연계표 ·193

프롤로그

귀신산에 있는 미스터리 호텔

  내 꿈은 세계 여행. 이번 겨울 방학 때는 세계에서 가장 높다는 에베레스트 산에 올라가긴 어려울 것 같고, 산 밑에라도 가고 싶었지.
  "일등만 해. 에베레스트 산 밑이건 꼭대기건 다 데려가 줄 테니까!"
  엄마는 큰소리를 땅땅 쳤어. 내 친구 지한이를 믿는 게 분명했지.
  지한이는 나랑 가장 친한 친구야. 수학 천재, 과학 천재, 음악 천재인 진짜 천재! 취미는 공부, 특기는 독서. 나는 안천재. 수학도 안 천재, 과학도 안 천재, 음악은 음치

수준이고, 취미는 먹기, 특기는 유령 꿈 꾸기야. 그럼 우리 반 일등은 누구겠냐?

어휴, 지한이가 좋긴 하지만 내년에는 지한이랑 다른 반이 될 테야. 그런 다음 정말 열심히 공부해서 일등 해야지. 그래서 에베레스트 산도 가고, 아마존 강도 가고, 에펠 탑도 갈 테다!

겨울 방학이 시작하는 날, 지한이에게 내 굳은 결심을 발표했어.

"친구! 내 머리가 너무 좋아서 미안!"

지한이는 킬킬거렸어. 친구야, 지금 나 놀리는 거냐? 떨떠름한 표정으로 지한이를 노려보는데 주리가 불쑥 끼어들었어.

"친구와의 우정은 우정대로 지키고 여행은 체코의 프라하로 떠나는 건 어때? 환상적인 해골 성당이 있는 도시. 에베레스트 산보다 훨씬 매력적이지 않냐?"

물론 주리에겐 그렇겠지. 어쩌면 주리의 꿈은 드라큘라 백작 부인이 되는 것일지도 몰라. 주리는 드라큘라, 귀신,

유령이라면 꺅꺅 소리를 지르며 좋아하는 공포의 여왕이니까. 설마 주리 엄마는 공포의 여왕을 프라하에 있다는 해골 성당에 보내 주는 거야? 홀딱 반해서 안 돌아올지도 모르는데…….

어쨌든 좋겠다. 해외여행을 간다니 부러울 따름이야.

"짜잔! 우리를 프라하로 데려다줄 티켓!"

검정 바탕에 빨간 글씨, 피가 뚝뚝 떨어지는 그림이 그려진 전단지. 누군지 몰라도 이 전단지를 만든 디자이너는 순수 인간은 아닌 것 같아. 분명히 무서운 유령의 피가 섞였을 거야.

주리는 손가락으로 우리 학교 북쪽을 가리키며 말했어.

"귀신산에 있는 미스터리 호텔 알지?"

귀신산의 원래 이름은 귀산산. 하지만 우리는

귀신산이라고 불러. 이 귀신산 전체는 미스터리 호텔 회장의 땅인데, 그 회장의 취향이 워낙 독특해서 일부러 으스스하게 꾸몄대. 산 아래에는 썩어 가는 연못과 처녀 귀신의 머리카락처럼 축축 늘어진 버드나무가 늘어서 있고, 산 위로 올라가면 오래된 회색 건물의 미스터리 호텔이 있어. 호텔 안에는 퓨전 식당과 일식당이

있고, 케이크로 유명한 제과점이 있대. 호텔 앞에는 풀장이 있는데, 독개구리와 독뱀이 우글거린다나?

하지만 미스터리 호텔의 식당은 손님이 꽤 많대. 겁이 없거나 철이 없는 사람들에게 인기가 많은가 봐.

여름이면 미스터리 호텔에서는 무슨 미스터리, 공포 행사를 줄줄이 한대. 주리는 여름마다 미스터리 호텔에서 살다시피 한다나 봐.

귀신, 유령 같이 무서운 건 딱 질색인 나는 미스터리 호텔에 한 번도 안 가 봤어. 세상에는 안 무서운 식당이

얼마든지 있는데 얼마나 맛있는 음식을 먹겠다고 귀신의 집 같은 델 찾아가겠냐고! 먹어도 소화가 되겠냐고!

"이 오디션에서 일등 한 사람은 해골 성당이 있는 체코에 보내 준대. 공짜로! 같이 도전해 볼래?"

주리의 눈이 반짝반짝 빛났어. 나는 고개를 절레절레 흔들었어. 하지만 곧 고개를 갸웃거렸어.

체코면 동유럽이잖아? 유럽으로 가는 비행기값은 엄청 비싸다는데 공짜로 보내 준다고? 요리 오디션이라면 맛있는 걸 실컷 먹을 수 있겠지? 맛있는 음식도 먹고 해외여행도 가고! 무섭다고 놓치기에는 너무 아까운 기회인걸? 나는 온몸의 용기를 끌어모아 결심했어.

"좋아."

주리가 좋다고 꺅 소리를 질렀어.

"지한이 너도 할 거지?"

나는 지한이의 어깨를 툭 치며 물었어.

"난 체코도 해골도 별로야. 방학 내내 과학책이나 볼래."

하는 수 없이 나랑 주리랑 둘만 오디션에 원서를 내기로 했어. 미스터리 호텔도 무섭고 주리도 무섭지만 떠날 테야.

해외여행! 꿈은 이루어진다!

1

고스트 베이커리의 엽기 케이크 자르기

01번 마을버스는 울퉁불퉁한 길을 덜컹덜컹 달렸어. 종점이 다가올수록 버스 안의 손님들은 하나둘 내리고 남은 사람은 나와 주리뿐.

"정말 너희 둘이 가는 거냐? 그것도 이 저녁에? 내가 귀신을 믿는 겁쟁이는 아니다만……."

기사 아저씨는 우리를 힐끔거리며 중얼거렸어. 그런 말 안 해도 충분히 무섭거든요! 나는 속으로 씩씩거리며 입을 꾹 다물었어. 하지만 주리는 제 세상을 만난 듯 종알거렸지.

"아저씨도 미스터리 호텔이 무서우세요? 아저씨도 저

호텔에서 귀신 나오는 거 봤어요? 아! 나도 한 번 봤으면 좋겠다. 몇 시에 귀신이 나와요? 12시? 연못에서 물귀신이 나와요, 아니면 숲에서 요괴가 나와요?"

끼익~, 버스가 멈췄어. 벌써 종점인 **귀신산** 앞이었지.

"얼른 내려라. 막차는 8시니까 서둘러 나오는 게 좋을 거다."

01번 마을버스는 귀신산 밑 음침한 정류장 앞에 나와 주리만 덜렁 내려놓고 떠났어. 떠나 버렸다고! 점점 어두워지는 저녁에!

우리를 기다리는 건 썩은 나무에 희미하게 적힌 미스터리 호텔 표지판뿐. 나는 산꼭대기를 올려다보았어. 안개에 반쯤 가려진 회색 건물이 보였어. 귀신산은 늘 안개에 잠겨 있다고 했지. 저 썩은 연못에서 증발한 물이 안개가 되어 올라간 걸까? 그렇다면 이 안개도 썩은

안개? 갑자기 숨이 턱 막혔어. 나는 두 손으로 코와 입을 싸쥐고 주리를 쳐다보았어.

"빨리 가자. 애들이 너무 많이 신청했음 어쩌지?"

다행히 주리가 씩씩하게 앞장을 섰어. 남자인 나더러 앞장서라고 했으면 어쩔 뻔했냐!

나는 주리 뒤에 꼭 붙어 걸었어. 길가의 나무들이 우리를 잡아먹을 듯 가지를 뻗고 있었거든. 굵직한 나무뿌리들은 길 위로 울룩불룩 솟아 나와 내 발목을 덥석 잡아당길 것 같았고. 까마귀들은 또 왜 그렇게 우는지! 까욱까욱 푸드득 소리가 날 때마다 비명이 나오려는 걸 겨우 참았어.

미스터리 호텔 앞에 도착했을 땐 식은땀으로 등이 흠뻑 젖었어. 호텔이 아무리 무서워도 이 숲 속보단 낫겠지? 나는 호텔 안으로 재빨리 뛰어들었어. 그런데 기다란 칼을 든 처녀 귀신 같은 여자가 나를 보며 송곳니를 드러내는 게 아니겠어? 칼에는 붉은 피가…….

"으허헉!"

달아나려다 그만 발이 꼬여 엎어지고 말았어.

"너!"

처녀 귀신이 내 목덜미를 덥석 잡았어. 소름이 온몸을 훑고 지나갔어.

"뭐야? 왜 여기서 넘어지지? 냉큼 일어나. 네 엄만 어딨어?"

이 귀신이 우리 엄마까지 잡아먹으려고? 목숨을 내놓을지언정 엄마를 팔아넘기진 않겠다. 나는 이를 앙다물었어.

"말을 좀 해 봐. 혹시 입을 다친 거야?"

처녀 귀신은 내 얼굴에 얼음처럼 차가운 손을 댔어. 찌리릿, 또 한 번 소름이 온몸을 훑고 지나갔지.

"언니, 내 친구 왜 이래요?"

처녀 귀신도 '언니'라고 부르는 천진난만한 공포의 여왕 주리가 말했어. 처녀 귀신은 내 얼굴에서 손을 떼고 주리에게 말했어.

"넌 이 어린이의 친구? 그럼 얠 좀 일으켜서 데려와 봐. 호텔에서 다치면 우리 책임이니까."

데려오라고? 날 데려가서 어쩌려고? 톱날이 번득이는 저 칼로 무얼 하려고. 주리는 처녀 귀신의 말만 듣고 날 일으키려 했지만 나는 온몸에 힘을 주고 꿈쩍도 하지 않았어.

"천재야, 좀 일어나 봐. 너 왜 이래?"

주리가 내 등짝을 짝 때렸어. 하여간 여자들이란······.

 쓰러져 있는 아픈 사람을 때리다니! 우리 엄마랑 똑같잖아. 목숨을 걸고 엄마를 지키겠다는 결심은 취소. 나는 처녀 귀신 몰래 주리에게 속삭였어.

 "처녀 귀신이 날 잡아먹을 거야. 무시무시한 칼 봤어?"
 "오! 노노노. 거기 넘어진 어린이. 눈 크게 뜨고 잘 봐. 무시무시한 이 칼은 빵 칼이고, 난 프랑스 최고의 제빵 학교 이엔베뻬를 수석으로 졸업한 고스트베이커리 수석 파티시에 벨라 장이야."

 이런, 주리만 들으라고 속삭였는데 처녀 귀신도 듣고 말았어. 역시 처녀 귀신은 귀도 밝아. 나는 쭈뼛쭈뼛 일어났어.

"따라와."

주리와 나는 벨라 장을 졸졸 따라갔어.

벨라 장은 고스트베이커리 앞에서 걸음을 멈췄어. 베이커리 앞에 서 있던 2명의 제빵사가 어깨를 옴츠리며 벨라 장의 눈치를 보았어. 벨라 장 밑에서 일하는 제빵사들인가 봐. 불쌍하다. 보아하니 벨라 장의 성격이 장난 아닐 것 같은데.

"너!"

벨라 장은 무시무시한 빵 칼로 나를 가리켰어.

"저는 '너'가 아니라 천잰데요."

"천재? 네가 정말 천재란 말이야? 천재처럼 생기지 않았는데?"

벨라 장이 귀신 같은 눈을 가늘게 뜨고 나를 노려보았어. 그러더니 갑자기 입꼬리를 지나치게 올리며 미소를 지었지. 소름 끼치게!

"정말 천재니?"

　나긋나긋한 목소리. 나는 부르르 떨면서 고개를 끄덕였어. 안천재라고 말하려고 했는데 입이 떨어지지 않았어.

　"우리 호텔에 천재가 오다니 이런 행운이! 천재야, 날 좀 도와주렴. 이 케이크를 좀 나눠 봐."

　벨라 장은 초록색 크림 위에 시뻘건 시럽으로 장식한 괴상한 케이크를 내밀었어.

　"그, 그냥 자르면 되잖아요. 피자 자르듯이……."

　벨라 장의 눈이 사납게 커졌어. 목소리도 날카로워졌지.

　"그걸 누가 몰라? 난 단 4번의 칼질로 이 케이크를 10조각 이상으로 나누어야 해. '끔찍한 요리 오디션'에 원서를 내러 온 아이들이 적어도 10명은 넘을 테니 말이야. 이 케이크는 그 애들을 위한 거야."

　벨라 장은 두 주먹을 부들부들 떨었어. 다른 제빵사들은 벨라 장이 무서워서 부들부들 떨었지. 천진난만한 주리만 명랑 쾌활하게 물었어.

　"어머 어머, 왜요? 왜 칼질을 4번만 해야 해요?"

　"4는 죽음의 숫자니까."

벨라 장의 대답은 정말 터무니없었어. 그 말에 대한 주리의 대꾸는 철딱서니가 없었고!

"어머! 정말 미스터리해. 천재야, 얼른 좀 생각해 봐."

주리는 호들갑을 떨었어. 정말 얜 누구 편이냐?

나는 일단 벨라 장에게 칼을 넘겨받았어. 비로소 마음이 좀 편안해졌어.

"벨라 장, 각 조각의 크기가 똑같을 필요는 없죠?"

"그래, 운 좋은 녀석은 작은 조각을 먹고 운 없는 녀석은 큰 조각을 먹겠지."

헉! 큰 조각을 먹은 사람이 운이 없다면 이 케이크의 맛은 얼마나 엽기적일까!

동그란 케이크를 4번 잘라 10조각 이상 나오게 하려면……. 뚫어져라 케이크를 쳐다봐도 8조각이나 9조각으로밖에 나눌 수 없었어. 아이참, 그동안 수학 실력이 엄청 좋아진 줄 알았는데 케이크 하나 제대로 못 자르다니! 엽기 케이크 위로 눈물이 뚝 떨어지려는 찰나에 구원의 목소리가 들렸지.

"제가 잘라 볼게요."

진짜 천재, 내 친구 진지한이 나타났어.

"4번 잘라서 11조각을 만들 수 있어요. 그 정도면

되나요?"

지한이가 케이크를 가볍게 자르는 동안 우리는 모두 눈을 뗄 수 없었지.

"오! 정말 훌륭해. 조각 하나하나가 자유롭고 창조적이야. 마음에 딱 들어!"

벨라 장은 고맙다는 말도 없이 쌩하니 사라졌어.

그런데 지한이가 미스터리 호텔엔 무슨 일이지? 지한이는 머리를 긁적이며 말했어.

"나도 끔찍한 요리 오디션에 나가기로 했어. 엄마가 책은 그만 보고 어린애다운 걸 좀 하라고 해서. 엄마 소원이 내가 철없는 짓을 하는 거라는데, 한번 들어주지 뭐. 헤헤."

그 말은 주리와 내가 철딱서니 없다는 말?

4번 잘라 가장 많은 조각으로 만드는 방법

케이크를 피자 자르듯이 자르면 8조각, 바둑판 모양으로 자르면 9조각이 돼. 조각이 더 많아지게 하려면 어떻게 해야 할까? 조각낸 그림을 보고 연구해 봐.

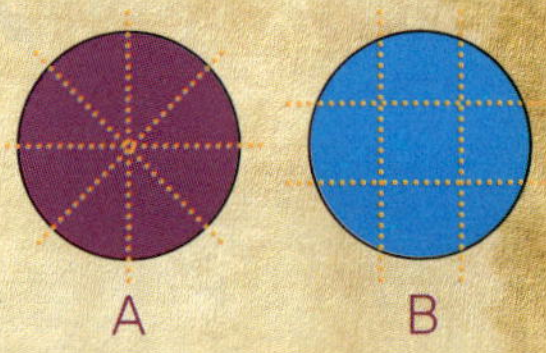

A   B

♣연구1

칼질(직선)과 케이크의 가장자리가 만나는 점은 둘 다 8개.

♣연구2

칼질한 선이 서로 만나는 점은 A는 1개, B는 4개.

그렇다면 '칼질한 선이 서로 만나는 점을 더 많게 하면 더 많은 조각을 낸다.'는 결론을 얻을 수 있겠지?

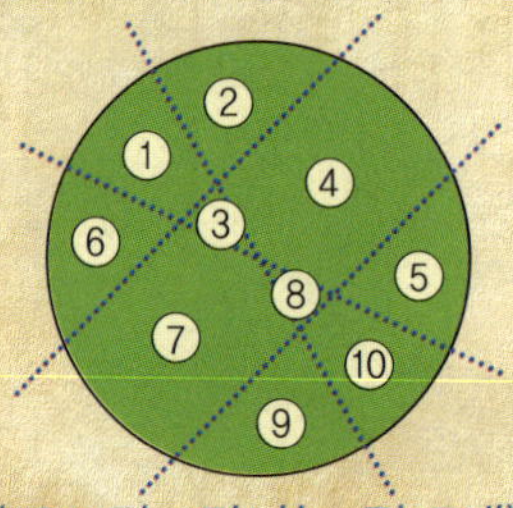

(10조각 - 만나는 점 5개) 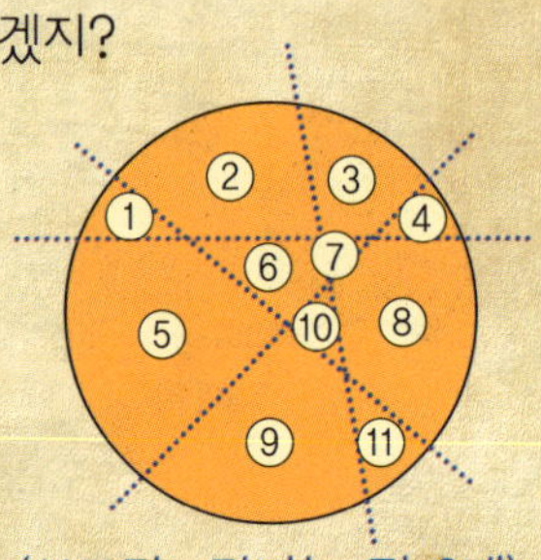   (11조각 - 만나는 점 6개)

거듭제곱의 마술, 수타면

구수한 자장 소스에 가장 잘 어울리는 면발은 수타면이다. 수타면은 사람이 직접 밀가루 반죽을 꼬아 늘려 만든다. 먼저 밀가루 반죽을 한 줄로 길게 잡아 늘인 다음 한 번 접어 실타래 모양으로 꼬면서 늘리고, 또다시 접어 꼬면서 늘리며 여러 가닥으로 뽑는다.

반죽을 한 번 접어 늘릴 때마다 면발은 가늘어지고, 면발의 숫자는 2, 4, 8, 16……, 2의 제곱으로 늘어난다. 자장면, 우동 등에 가장 잘 어울리는 면발은 2를 8번 곱한 2의 8제곱=256(가닥)이나 2를 9번 곱한 2의 9제곱=512(가닥)정도 이다.

2의 10이나 11제곱 정도의 가는 면발은 기스면(가늘게 뽑은 국수에 닭고기 육수를 부어 만든 중화요리)에 어울린다.

수타면의 고수는 면발을 2의 14제곱까지도 뽑을 수 있다고 한다. 이 정도의 가는 면발은 바늘귀를 거뜬히 통과한다.

2

13을 이용한 끔찍한 수학 요리

끔찍한 요리 오디션에 나가려면 먼저 예선을 통과한 뒤 멘토인 미스터리 호텔 요리장들에게 요리 훈련을 받아야 된대. 본선에서 일등을 하면 프라하에 가는 거고. 원서를 낼 때, 이런 과정을 설명해 주며 요리 재료를 살 돈을 주고 벨라 장의 엽기 케이크도 먹으라고 줬어. 케이크 맛이 어땠냐고? 음, 상상에 맡길게. 다행히 케이크를 먹고

기절한 사람은 없었어.

 예선 주제는 '13이 들어 있는 끔찍한 소스'야. 근데 소스 만드는 것도 요리 축에 끼는 거 맞아? 엄마에게 물어보니 '부엌에서 서서 만드는 건 다 요리야.'라며 눈을 부릅떴어. 그리고는 나더러 요리 대회 연습 삼아 점심밥도 알아서 해 먹으라나? 하는 수 없이 나는 점심도 굶은 채 재료를 사러 전통 시장에 갔어. 너무 배가 고파서 재료 살 돈에서 군것질을 아주 조금만 하고 장을 보려고 했지.

 그런데 시장에는 맛있는 것이 왜 이렇게 많니! 갓 튀겨 하얀 설탕을 듬뿍 묻힌 꽈배기 도넛과 팥이 듬뿍 든 찹쌀 도넛, 깻잎과 어묵이 적당히 들어간 떡볶이와 그냥 가면 섭섭한 꼬마 김밥, 케첩을 무한 제공해 주는 핫도그, 치즈 듬뿍 조각 피자와 달달한 엿에 굴린 닭강정, 얼음보다 팥이 더 많은 팥빙수, 잡채가 듬뿍 든 찐만두, 소화를 도와주는 밥알 동동 시원한 식혜…….

 끄억! 잘 먹었다.

 그제야 주위를 둘러보다 발견한 공포의 여왕 주리.

 "어, 안천재. 너도 요리 재료 사러 왔구나? 생각보다 재료비가 빠듯하네. 주제가 소스라 돈을 조금만 줬나 봐. 남으면 맛있는 거 사 먹으려고 했는데."

요리 재료……? 빠듯하다……? 순간 정신이 번쩍 들었어. 주머니를 뒤져 보니 남은 돈은 달랑 2700원.

"헉! 주리 너 뭐 샀어? 돈은 좀 남았어? 남은 거 나 줘."

"당연히 재료는 다 샀고 돈은 별로 안 남았어. 딱 300원 남아서 찹쌀 도넛 하나 사 먹으려고……."

주리는 100원짜리 동전 3개를 짤랑거렸어.

"겨우 300원? 그거라도 줘. 도넛 먹으면 살쪄."

"쳇, 그러는 너는 왜 사 먹었냐?"

주리는 입을 비죽거렸어. 주리 이 녀석, 혹시 날

지켜보고 있었나? 경쟁자인 나를 물리치기 위해 내가 재료비를 입에 다 털어 넣는 걸 보고도 가만있었던 거야?

"그래, 암튼 이거라도 보태서 재료 사라. 어쩜 넌 먹을 것만 보면 정신을 잃고 덤비냐? 혹시나 해서 하는 말인데 요리를 완성하기도 전에 다 먹어 치우면 오디션에서 똑 떨어진다, 응?"

나는 3000원을 들고 시장을 몇 번이나 왔다 갔다 했어. 하지만 그걸로 살 수 있는 재료는 없었어. 평범한 샐러드 드레싱에 필요한 간장과 올리브 오일도 합치면 3000원이 훌쩍 넘었지.

속 타는 내 마음도 모르고 해는 뉘엿뉘엿 졌어.
저녁거리를 사러 온 손님들도 모두 돌아갔지. 그때까지도 나는 시장 여기저기를 기웃거리기만 할 뿐, 아무것도 사지 못했어. 다리도 아프고 배도 고팠어. 소중한 재료비로 채운 배가 몇 시간도 채 지나지 않아 나를 배신한 거야.

> 저녁 세일. 딸기 1kg에 3300원

앗! 바로 저거야.
"할머니, 딸기 1kg 주세요."

딸기를 받아 들고 과일 가게 할머니에게 3000원을 내밀었어. 막 돌아서려는 순간 할머니가 말했지.

"아가, 300원을 덜 줬구나."

"아니에요. 맞게 드렸어요. 3300을 백의 자리에서 반올림하면 3000이잖아요."

"그게 무슨 소리냐?"

"수학이에요. 지금 수학 공부 하는 거예요, 할머니."

나는 할머니들의 마음을 약하게 만드는 헤헤 미소를 지으며 최대한 귀엽게 말했어. 할머니가 날 예쁘게 봐주길 바라면서 말이야.

"예끼, 이 녀석. 돈이 부족한 모양이구나. 그래, 좋다. 공부한다니까 깎아 주마. 열심히 해라."

난 할머니께 진심으로 감사하며 집에 돌아와 소스를 만들었지.

드디어 끔찍한 요리 오디션 예선 날이 되었어.
나는 '정성껏' 만들었다고 하기엔 양심에 조금 찔리는……, 아무튼 직접 만든 '13이 들어 있는 끔찍한 소스'를 들고 호텔로 향했어.

예선은 미스터리 호텔에서 가장 큰 방에서 열렸어. 하얀

식탁보를 깐 둥근 테이블이 20개도 넘게 놓여 있었지. 맨 앞에는 심사 위원 3명이 엄숙한 표정으로 앉아 있었어. 찐빵 같은 얼굴에 툭 불거진 입이 꼭 괴물 메기 같은 일식 요리장 김만복, 날렵한 몸매와 동그란 눈매가 미스터리 호텔과 한참 안 어울리게 착해 보이는 퓨전 요리사 굿맨, 예쁘긴 하지만 처녀 귀신도 무서워 달아나게 할 것 같은 차가운 눈매의 벨라 장. 다들 앞에 이름표를 놓고 엄숙하다 못 해 차가운 표정으로 앉아 있었어.

우리 예선 참가자들도 가슴에 이름표를 달았어. 나, 주리, 지한이 달랑 3명. 예선 참가자는 겨우 우리 3명뿐이었지. 이렇게 황당하고 웃긴 상황에도 미스터리 호텔의 요리장들은 전혀 당황하지 않았어. 지한이와 주리도 마찬가지였지. 우리 셋이 자리에 앉자 벨라 장이 일어났어.

"끔찍한 요리 오디션에 참가해 준 어린이들, 정말 영광스럽지? 그럼 예선 과제를 내놔 봐. 너, 제일 늦게 온 어린이부터."

벨라 장은 **길고 검은 손톱**이 달린 무시무시한 손가락으로 나를 가리켰어. 나는 애지중지 들고 온 유리병을 들고 심사 위원석으로 다가갔어. 뚜껑을

열자마자 벨라 장이 버럭 소리를 질렀어.

"뭐야? 이건 딸기 잼이잖아. 이게 13과 무슨 관련이 있지?"

일식 요리사 김만복은 코를 벌름거리며 한마디 보탰어.

"딸기와 설탕밖에 안 들었군."

벨라 장은 손을 허리에 얹고 나를 노려보았어. 기죽으면 지는 거야. 나는 턱을 바짝 들고 자신만만하게 말했지.

"이 딸기 잼으로 말씀드리면 1300g의 딸기로 만든 거예요. 13과 관련이 있죠."

　벨라 장은 내 말이 끝나기도 전에 무시무시한 손가락을 좌우로 흔들었어.
　"노노노. 이 딸기 잼은 딸기 1300g으로 만든 게 아니야. 기껏 해야 1000g, 1kg으로 만든 거야. 내 눈은 디지털

저울보다 정확해."

심장이 덜컹 내려앉았어. 하지만 안천재, 기죽지 마. 나는 딸기 파는 할머니에게 통했던 헤헤 미소를 지었어.

"맞아요! 하지만 이 딸기 잼은 버림을 이용한 요리예요. 1300g을, 백의 자리에서 버림 하면 1000g. 그러니까 1300g이나 1000g이나 같은 거 아닌가요?"

"엉터리. 여기서 왜 버림을 하냔 말이야? 아무 이유도 없이. 언제 어떤 계산법을 사용해야 하는지도 모르는 엉터리!"

벨라 장은 펄펄 뛰었어. 여기서 얻은 교훈 하나, 젊은 누나에게는 헤헤 미소가 잘 안 통해!

김만복은 쩝쩝거리며 내 딸기 잼의 맛을 보았어.

"맛도 아니군. 잼은 과일과 설탕의 비율이 일 대 일이어야 해. 그런데 이 잼은 설탕이 더 많이 들어갔어."

오! 이 호텔 요리사들은 정말 훌륭하구나. 맛만 보고 어떻게 알았지? 집에 있는 설탕을 대충 쏟아부은 걸 어떻게 알았냔 말이야.

"바로 그 부분 때문에 이 딸기 잼이 끔찍한 소스란 겁니다. 설탕을 너무 많이 넣어서 먹는 사람은 금방 살이 쪄 뚱뚱해지죠. 이보다 더 **끔찍한 소스**가 어딨겠어요?

하하하."

 자신감. 중요한 건 자신감이다. 창피해서 눈물이 날 것 같았지만 큰 소리로 웃어 주었어. 퓨전 요리사 굿맨도 나를 따라 껄껄 웃었어. 하지만 벨라 장과 김만복은 벌레 씹은 표정이었지.

 다음 요리는 지한이의 샐러드 소스. 김만복은 지한이의 소스를 한 입 먹어 보았어.

 "땅콩, 메밀, 달걀, 콩, 우유, 밀, 고등어, 새우, 복숭아, 돼지고기. 거기에 올리브 오일과 소금, 식초를 넣은 샐러드 소스로군."

 "어떻게 알았어요?"

 지한이가 깜짝 놀라 물었어. 나도 깜짝 놀랐어. 한 번

먹고 거기 들어간 13가지 재료를 모두 맞히다니! 김만복의 혀는 뭘로 만들어진 거야?

"**알레르기**를 잘 일으키는 음식 재료를 1위부터 10위까지를 쓰다니, 정말 끔찍해. 넌 가능성이 좀 있군."

처녀 귀신 같은 벨라 장도 지한이의 소스를 칭찬했어.

"네, 보통 사람들은 맛있게 먹을 수 있는 소스. 하지만 그 재료에 알레르기가 있는 사람들에게는 폭탄과도 같은 소스가 끔찍한 소스라고 생각했어요."

지한이의 대답은 정말 끔찍했어. 지한이가 저렇게 잔인한 생각을 할 수 있다니 끔찍해!

다음은 시뻘건 주리의 소스. 척 보아도, 냄새만 맡아 봐도 고추장이라는 걸 알 수 있었지.

"전 세계의 13가지 고추를 이용한 고추장이구나!"

굿맨이 코를 벌름거리며 말했어. 벨라 장과 김 요리장도 고개를 끄덕였지.

"얼마나 매울까?"

굿맨은 주리의 끔찍한 고추장에 새끼손가락을 푹 담궜어.

"아이고, 손가락도 매워."

굿맨은 고추장이 듬뿍 묻은 손가락을 입으로 가져가 쪽쪽 빨아 먹었어.

"저도 맛은 안 봤어요. 매울 것 같아서……."

"으아악~!"

주리의 말이 끝나기도 전에 굿맨이 비명을 질렀어.

"얼음! 물! 우유! 누가 뭐라도 좀 줘."

굿맨은 메뚜기처럼 풀쩍풀쩍 뛰며 소리쳤어. 굿맨의 얼굴은 고추 같이 빨개지고, 콧등과 이마에서는 소나기 방울만큼 굵은 땀이 뚝뚝 떨어졌어. 만화 영화에서 나오는 것처럼 금방 폭발할 것 같았지. 하지만 벨라 장과 김만복은 굿맨에게 찬물 한 잔 권하지 않았어.

나는 먹다 남은 생수를 꺼냈어.

"이거라도 좀 드세요."

굿맨은 꿀꺽꿀꺽 생수를 들이켰어. 벨라 장은 굿맨을 보며 눈살을 찌푸렸어.

"어휴, 그 땀도 좀 어떻게 해 봐요! 그리고 너희, 예선 결과 발표는 다음 주에 할 테니 그만 가."

  벨라 장은 굿맨을 못마땅한 눈빛으로 쳐다보고는 발을 쿵쿵 구르며 방을 나갔어. 김만복도 벨라 장의 뒤를 따라 조용히 방을 나갔지.

  "허허, 난 매운 걸 먹으면 땀이 많이 나서……. 아이고 죽겠다. 허허, 허허. 아이고 매워라."

  굿맨은 테이블보를 걷어 땀을 닦았어.

  나는 굿맨의 그런 모습을 보며 결심했지. 절대로 절대로

이 미스터리 호텔의 퓨전 레스토랑에서는 밥을 먹지 않겠다고! 굿맨이 땀을 닦은 테이블보를 보며 나는 결심했다고…….

반올림과 버림

반올림은 근삿값을 구할 때 구하려는 자리의 한 자리 아래 숫자가 5보다 작을 때는 버리고, 5보다 크거나 같을 때는 그 윗자리에 1을 더하는 계산법이야. 버림은 구하려는 자리의 아래 수를 모두 버리는 계산법이야.

3300 → 백의 자리에서 반올림하면, 백의 자리인 3은 5보다 작으니까 버려서 → 3000
→ 백의 자리에서 버림 하면 역시 → 3000

좀 더 복잡한 숫자로 해 볼까?

3865 → 3865를 일의 자리에서 반올림하면, 일의 자리인 5를 반올림 하여 → 3870
→ 일의 자리에서 버림 하면 → 3860

3
코스 요리 속의 수학 게임

 엄마랑 나는 비 오는 날을 몹시 싫어해. 그보다 더 싫어하는 게 뭐게? 바로 비 오는 날 외출하는 거야.
 "지금 가면 딱 저녁 시간이겠군!"
 아빠는 눈치도 없이 슬리퍼를 꿰어 신었어. 반바지에 집에서 입는 늘어진 민소매 티 그대로 말이야. 차려입어도 나갈까 말까 한데 그게 뭐야!
 "당신도 어서 나와. 천재야, 뭐 해? 얼른 와. 근사한 데서 밥 먹자."
 아빠는 먼저 현관문을 열고 밖으로 나갔어. 엄마와 나는 하는 수 없이 한숨을 푹푹 쉬며 따라나섰지.

도로에는 차가 거의 없었어. 앞이 안 보일 정도로 비가 퍼붓는데, 누가 운전을 하겠어? 우리 아빠처럼 겁 없는 사람이 아니면 말이야.

"어디로 가는 거야?"

엄마가 물었어. 아빠는 나를 돌아보며 히죽 웃었지.

"좋은 데. 오늘 식사는 천재 네가 사는 거다."

아빠는 음침한 전단지를 흔들며 말했어.

나는 어리둥절해하며 전단지를 읽었지.

"'미스터리 호텔 이벤트. 수학 미스터리를 푸는 분께 퓨전 레스토랑 스노우퀸의 퀸 코스 요리를 공짜로 대접합니다.' 나더러 수학 미스터리를 풀란 말이에요? 아빠가 밥 공짜로 먹게요?"

"그럼! 아들을 10년이나 키웠는데 그 정도 덕은 봐도 되겠지?"

아빠가 싱글거렸어.

"그럼 덕 봐도 되지."

엄마도 맞장구를 쳤지.

"엄마 아빠! 난 보호를 받아야 할 어린이예요. 나를 이용해 공짜 밥을 먹는 건 불법이에요."

나는 펄쩍 뛰었지만 차에서 내릴 수도 없었어. 비가

억수같이 쏟아지고 있었거든.

 하필이면 비 오는 날, 하필이면 컴컴한 저녁, 하필이면 미스터리 호텔, 그것도 땀을 줄줄 흘리는 지저분한 굿맨 요리장이 요리하는 퓨전 레스토랑 스노우퀸이라니. 뭐 하나 마음에 드는 것이 없었어.

 그런데 레스토랑 안은 생각보다 나쁘지 않았어. 흉가처럼 무섭고 음침하고 지저분할 줄 알았는데 엄청 깨끗한 거 있지!

하얀 벽, 하얀 천장, 하얀 조명, 하얀 테이블, 하얀 의자, 하얀 바닥……. 너무 희고 깨끗해서 살짝 소름이 끼친다고나 할까.
아빠는 자리에 앉자마자 이벤트 전단지를 꺼내 올려놓았어.
"우린 이걸로 먹을 거예요."

"손님, 수학 미스터리를 못 풀 경우, 원래 가격을 100으로 나눈 후 그 수를 제곱해서 나온 만큼의 돈을 내셔야 하는 것도 알고 계신가요?"
아빠가 흠칫 놀랐어.
그것까진 몰랐나 봐.
아빠는 메뉴판을 힐끔
쳐다보며 말했어.

"퀸 코스가 4만 원? 100으로 나누고, 또 제곱하라고? 좀 복잡하군. 그럼 더 싸지려나, 비싸지려나?"

"나누기를 하니까 그것보단 싸지겠죠."

아빠 엄마를 보니 한숨만 푹푹 나왔어. 수학 실력이 유전이라면 어쩔 뻔했냐! 나는 다른 손님들이 듣지 못하도록 작은 소리로 말했어.

"아빠, 엄마. 4만 원을 100으로 나누면 400, 400의 제곱은 400 곱하기 400이니까, 16만 원이거든요!"

"뭐?"

"왜?"

아빠 엄마는 잠시 어리둥절하더니 곧 으하하하 웃음을 터트렸지.

"정말 우리 아들은 천재야. 너만 믿고 밥 먹자. 저기요, 여기 퀸 코스 요리 주세요."

퀸 코스 요리는 정말 맛있었어. 빵은 담백하고, 스프는 달콤하면서 감칠맛이 나고, 스테이크는 부드럽고, 볶음밥은 고소하면서도 매콤한 맛. 특히 점 같은 검은콩이 콕콕 박힌 젤리는 최고였어. 단맛 후에 느껴지는 검은콩의 톡톡 쏘는 느낌은 재미도 있고 맛도 있었지.

"다 드셨으면 수학 미스터리를 풀어 주시겠습니까?"

　종업원은 커다란 은쟁반을 식탁 위에 올려놓았어.

　쟁반 위에는 젤리에 들어 있던 검은콩과 커다란 전갈 1마리가 통째로…….

　"꺅!"

　엄마가 뒤로 물러났어. 엄마의 비명에 놀랐는지 전갈이 꼬리를 바짝 들었지.

　"주, 죽은 거 아니에요?"

　"죽은 건 방금 여러분이 다 드셨습니다. 이건 살아 있습니다."

　"뭐, 뭐라고요? 우리가 방금 전갈을 먹었다고요?"

　아빠, 엄마와 나는 동시에 입을 떡 벌렸어.

　"또, 또 무얼 먹었나요? 우리가 먹은 고기는 무슨

고기고, 볶음밥에는 뭐가 들어 있었죠?"

엄마가 숨을 헐떡이며 물었어. 하지만 아빠는 두 손을 세차게 내저었지.

"아무 말도 하지 말아요. 때론 모르는 게 약입니다."

아빠 말에 나도 고개를 끄덕였어. 내가 뭘 먹었는지 아는 순간 먹은 게 도로 튀어나올 것 같았거든.

"그럼 손님, 수학 미스터리를 풀어 주십시오. 제한 시간은 5분. 시간이 지나면 전갈이 화를 내서 무슨 짓을 저지를지 모릅니다."

아빠는 쟁반을 내 앞으로 밀었어. 독이 든 꼬리를 바짝 세운 작은 괴물을 아들 앞으로 민 거야.

"너만 믿는다, 아들. 우리 천재."

나는 너무 무서워서 검은콩과 전갈에서 최대한 멀리 떨어졌어. 그러자 신기하게도 문제가 술술 풀렸어.

"이건 4를 이용한 수학 게임이에요. 이 검은콩과 전갈을 수식으로 적어 보면 이렇게 되지요.

4 4 4 4 = 4, 4 4 4 4 = 6

이 숫자들 사이에 연산 기호(+, −, ×, ÷)와 괄호를 써 넣어 옳은 식으로 만드는 거예요. 전갈 1마리를 6으로 본 까닭은, 6은 피타고라스가 발견한 최초의 완전수이기

때문이죠. 피타고라스는 어떤 정수가 자신의 약수를 모두 더한 합과 같을 때 완전수라고 했어요. 6의 약수는 1, 2, 3이므로 모두 더하면 자신인 6과 같아요."

나는 5분 안에 미스터리를 풀었어. 우리는 공짜로 식사를 했고, 아무도 전갈에게 물리지 않았지.

"고맙다, 아들. 덕분에 밥 잘 먹었다."

"엄마 아빠는 커피 좀 마실 테니, 넌 산책이라도 하렴."

"우리도 얼른 집에 가요! 다들 갔잖아요. 식당엔 우리밖에 안 남았다고요."

우리가 밥을 너무 늦게 먹은 탓인지 종업원들마저 보이지 않았거든.

"그럼 너 먼저 가. 마을버스 타고."

엄마는 그 무서운 숲길을, 이 저녁에, 어린 아들 혼자 내려가라는 거야. 세상에서 정말 무서운 건 유령이나 미스터리 호텔이 아니라 우리 엄마 아닐까?

엄마는 새끼손가락을 바짝 세우고 우아하게 커피 잔을 들었어. 1시간은 걸리겠군. 가슴이 답답해졌어.

어쩔 수 없이 나는 로비로 나갔어. 로비는 텅 비어 있었어. 살짝 열린 현관문 사이로 휘용 찬바람만 새어 들어왔지.

"역시 으스스해."

몸을 떨며 돌아서는데 복도 한쪽에 하얀 새끼 고양이가 야옹거리고 있었어.

"아유, 귀여워."

나는 새끼 고양이를 쫓아갔어. 고양이는 꼬리를 살랑살랑 흔들며 프런트 뒤로 뛰어갔어. 내가 쫓아가자 고양이는 뛰었다 멈췄다 하며 따라오라는 신호를 보냈어.

"기다려. 같이 가. 네 엄마는 어딨니?"

고양이는 프런트 뒤에 난 미로 같은 좁은 복도를 지나 네꼬오카이라는 일식당으로 쏙 들어갔어.

나도 고양이를 따라 들어갔지.

"영업 끝났는데요."

개그 프로그램에 나오는 갸루 상처럼 얼굴은 하얗게, 눈은 시커멓게 화장을 한 종업원 누나가 말했어.

"밥 먹으러 온 거 아니고요, 고양이를 따라왔어요."

"네꼬 따라왔구나? 조리실로 들어간 것 같은데."

누나는 손가락으로 조리실 쪽을 가리켰어.

"근데 뭐, 길은 다 통해 있으니 어디로 나올지 모르지. 조리실엔 요리장님이 계시니까 들어갈 수 없어."

"네, 안녕히 계세요."

꾸벅 인사를 하고 나왔어. 고물 메기 같은 김만복 요리장을 만나고 싶은 생각은 없었거든.

네꼬를 따라 뛰어다닐 땐 몰랐는데 어두침침한 복도를 혼자 걸어 나오려니 섬뜩섬뜩 무서웠어. 그 순간 어디서 비명이 들리는 것 같았어. 와장창 쨍그랑. 냄비와 그릇 떨어지는 소리가 확실히 들렸어. 스노우퀸인지 네꼬오카이인지는 모르겠지만 조리실 안에서 나는 소리가 분명했어. 나는 복도에서 조리실 쪽으로 난 작은 문을 살그머니 열었어.

"뭐냐?"

일식 요리장 김만복이 불쑥 튀어나왔어. 그런데 김만복의 앞치마가 붉은 피 같은 걸로 흠뻑 젖어 있지 뭐야. 머리끝에서 발끝까지 소름이 쫙 훑고 지나갔어.

"저, 저는 그냥……. 길을 잘못 들어서……."

나는 변명을 웅얼거리다가 김만복을 피해 냅다 스노우퀸으로 뛰어 들어갔어.

그런데 무서운 건 왜 꼭 다시 보고 싶지? 무얼 확인하고 싶은 거야? 나는 스노우퀸 안에 몸을 숨기고 고개만 쏙 내밀어 밖을 쳐다보았어. 네꼬가 복도에 앉아 앞발을 핥고 있었어. 네꼬의 앞발에는 붉은 피가……. 네꼬, 여기서 무슨 일이 생긴 거야?

나는 엄마 아빠를 졸라 곧바로 집에 돌아왔어. 무서워서 혼났어.

4를 이용한 수학 게임

4 4 4 4 = 4
4 4 4 4 = 6

이것은 '포포즈'라 불리는 수학 게임이야. 숫자 사이에 연산 기호(+ − × ÷)와 괄호를 넣으며 답이 1에서 100까지 나오도록 만드는 거야. 연산 기호의 뜻과 괄호의 의미를 잘 알아야 답을 찾을 수 있지.

천재가 찾은 답

(4−4)×4+4 = 4
(4+4)÷4+4 = 6

하지만 답은 천재가 찾은 것 하나가 아니야. 한 가지 수를 만드는 데 여러 방법이 있으니 직접 찾아봐.

해골 동그랑땡의 수상한 맛

지한이는 합격 편지를 받았어.

> To. 진지한
> 미스터리 호텔 끔찍한 요리 오디션 예선에 합격.
> 당신의 멘토는 벨라장
> 제과제빵 요리로 승부할 것.

주리도 합격 편지를 받았지.

> 70. 나주리
> 미스터리 호텔 끔찍한 요리 오디션 예선에 합격.
> 당신의 멘토는 김만복
> 제과제빵 요리로 승부할 것.

"꺄악. 멋지지 않냐? 우리 당장 미스터리 호텔에 가 보자."

주리는 좋아서 팔짝팔짝 뛰었어. 하지만 난 그 수상한 호텔로 친구들을 보낼 순 없었어. 흉기 같은 제빵 도구를 들고 설치는 이상한 말투의 벨라장도, 피 묻은 앞치마를 입고 노려보는 김만복도, 땀을 비 오듯 흘리는 굿맨도 다 이상하고 수상해.

"나주리, 진지한. 그 호텔에 꼭 가야겠냐? 거기 좀 수상해!"

"확실히 거기 좀 이상하긴 해."

지한이가 고개를 끄덕였어. 역시 내 친구야.

"지한이 네가 보기에도 그렇지? 지난번에 아빠랑

미스터리 호텔에 밥 먹으러 갔는데 김만복인지 하는 요리사 앞치마에 피……."

"합격 편지를 반말로 쓰다니. 아무리 우리가 초등학생이라도 공식적인 편지에는 존댓말을 써야지. 왠지 무시당하는 것 같아. 그래도 이왕 시작한 거 잘해 볼 테야."

지한이와 주리는 주먹을 불끈 쥐고 승리를 다짐했어.

"안 돼. 그 호텔 수상하다니까. 요리 따윈 그만두고 나랑 같이 수영장이나 다니자, 응?"

나는 지한이와 주리에게 매달리다시피 부탁했어. 자존심은 좀 상하지만 친구를 지키는 게 더 중요하니까.

"안천재 너, 우리만 합격하니까 샘내는구나? 네가 열심히 안 해서 떨어져 놓고서는."

난 순수한 우정으로 말리는 건데 유치하게 샘이나 내는 사람 취급을 하다니! 나는 버럭 소리를 질렀어.

"나중에 큰코다치고 후회나 하지 마."

"너, 우리한테 나쁜 일이 생기길 원하는 거야?"

주리도 화를 냈지. 지한이는 우리 둘을 번갈아 보며 한숨을 쉬었어. 그래, 내 절친은 지한이야. 공포의 여왕은 끔찍한 미스터리 호텔에 가든지 말든지. 난 절친 진지한만

구해 낼 테야.

"지한아, 그만둬, 응? 미스터리 호텔, 진짜 수상해. 어린이들에게 끔찍한 요리라니, 완전 엽기 아니야?"

"천재 네 마음 이해해. 하지만 재미있게 생각하면 재밌잖아. 일부러 무서운 영화도 보는데 뭐."

쳇, 지한이마저 내 우정을 거부하다니. 나중에 무섭다고 울며 매달려도 절대 안 도와줄 테야. 나는 외롭게 혼자 집으로 돌아왔어.

그날 밤 엄마 아빠가 모두 외출하고 나 혼자 남은 황금

같은 시간에 벨이 울렸어. 처음에는 들은 척도 하지 않았지. 엄마는 절대로, 아무에게도, 관리실 아저씨에게도 문을 열어 주지 말라고 했거든. 문도 안 열어 줄 거면서 '누구세요?'라고 물으면 실례잖아.

딩동딩동 벨은 끈질기게 울렸어. 더는 참을 수 없었지.

"누구세요?"

"안천재군? 난 미스터리 호텔의 스노우퀸 요리장 굿맨이야."

깜짝 놀라 문을 열었더니 굿맨이 서 있었어. 흰 요리 모자에 조리복을 입고 앞치마까지 두른 채였지.

"무슨 일이에요? 우리 집은 어떻게 알았어요?"

"네 지원서를 보고. 좀 들어가자."

굿맨은 다짜고짜 우리 집으로 들어왔어.

"내가 네 멘토야. 알고 있냐?"

"전 **합격 편지**를 못 받았는데요."

"뭐, 멘토인 내가 직접 뽑았으니까 합격인 거야. 내일부터 호텔로 와서 요리 멘토링을 받아라. 근데 뭐 먹을 것 좀 없냐?"

굿맨은 내 허락도 없이 냉장고를 벌컥 열었어. 정말 엉뚱한 사람이야.

"없어요. 먹을 건 하나도 없어요. 난 미스터리 호텔에도 안 갈 거예요. 오디션에 안 나간다고요."

굿맨이 냉장고 문을 닫고 돌아섰어. 동그란 눈이 더 동그래졌지.

"왜?"

"그 호텔에 가기 싫어요. 그냥요."

"그런 게 어딨어? 다른 요리사들은 다 멘토하는데 나만 하지 말라고? 나도 싫어. 넌 지원했고, 난 멘토니까 무조건 멘토링 받고 오디션 나가. 근데 정말 먹을 게 하나도 없네. 내가 알아서 만들어 먹어도 되지?"

굿맨은 냉장고에서 고기와 두부, 채소 쪼가리들을

꺼냈어. 엄마가 알면 혼날 텐데.

"아저씨, 그러지 좀 마요. 부엌 어지럽히면 혼난다고요. 게다가 우린 전갈 같이 위험한 재료는 안 먹는다고요."

"그래? 여긴 전갈보다 더 위험한 재료들이 많은데? 파란 곰팡이가 핀 식빵, 하얀 곰팡이가 핀 소스, 오래돼서 물이 분리된 마요네즈……. 이런 것으로 요리를 했다가는 살인을 할 수도 있지. 하하하하."

으스스한 웃음소리가 부엌을 쩌렁쩌렁 울렸어. 나는 그만 울상이 되었어. 지금 굿맨이 날 위협하는 거 맞지? 오디션에 안 나가면 위험한 재료로 요리를 해서 날 먹이겠다는 뜻인 거지?

"조, 좋아요. 아저씨. 멘토링 받으면 되잖아요. 그러니까 그만 가세요. 참, 미스터리 호텔은 싫어요. 다른 데서 가르쳐 줘요."

"좋았어, 멘티. 내 연구실로 와. 그리고 날 굿맨이라고 불러라. 이래 봬도 이제 갓 스무 살이 된 형아란다."

어쩐지 젊어 보인다 했더니 겨우 스물? 나랑 몇 살 차이도 안 나잖아!

굿맨은 우리 냉장고에서 찾아낸 위험한 재료를 몽땅 비닐봉지에 넣어 버렸어. 그러고는 위험하지 않은 채소 쪼가리, 고기, 두부 등을 잘게 다졌지. 다다다다 경쾌하게 다지는 소리, 척척척 리드미컬하게 반죽 치대는 소리, 찰찰찰 가볍게 달걀 푸는 소리. 소리만으로도 군침이 꼴깍꼴깍 나왔어.

"마땅히 먹을 게 없을 땐 몽땅 다져서 지져 먹는 게 최고야."

대단한 요리라도 할 줄 알았더니 겨우 동그랑땡? 실망하려는 순간 치이익 잘 달궈진 프라이팬에 반죽이 올라갔어. 느끼하면서도 고소한 기름 냄새. 캬!

"짠!"

잠시 뒤 종이 포일을 깐 커다란 쟁반 위에 **해골 모양**을 한 노릇노릇한 동그랑땡 등장. 모양은 섬뜩했지만 냄새는 엄청 좋았어. 막 하나를 집어먹으려는 순간 굿맨이 잽싸게 내 손을 막았어.

"잠깐! 요리는 접시에 어떻게 놓는가도 중요하지. 너라면 어떻게 놓겠냐?"

벌써 멘토링을 시작하는 거야? 난 진지하게 대답했지.

"내 접시에 가장 많이 놓겠어요."

 아이코! 예상은 했지만 하마터면 꿀밤을 맞을 뻔했어.
 "난 아주 공평하게! 넌 삼각수로, 난 형이니까 하나 더 많은 사각수……. 똑같이 3접시씩. 어때, 불만 없지?"
 굿맨은 재빨리 동그랑땡을 먹어 치운 뒤 부른 배를 두드리며 트림을 했어. 하지만 난 배가 하나도 안 부르다고!
 "굿맨이 나보다 얼마나 많이 먹은 줄 알아요?"
 "겨우 한 개 더 먹었잖아. 넌 삼각수 3개, 난 사각수 4개니까."
 굿맨은 억지를 부렸어. 순간 예전에 어떤 통통한 누구도

이렇게 우겼던 기억이 떠올랐는데 누군지는 모르겠어!
"맛있어서 용서해 주는 줄이나 알아요!"
정말 굿맨의 동그랑땡은 고소하면서도 씹는 맛이 살아 있고 간이 아주 딱 맞는 맛있는 동그랑땡이었어. 평범한 재료로 어떻게 이렇게 특별한 맛을 냈을까? 굿맨이야말로 진짜 수상한 요리사야.

"맛있는 비결이 뭐예요?"
"굿맨의 요리 수칙 1번에 충실했지. 최선을 다한다."
"에이, 그런 거 말고요."
"요리 수칙 2번. 기본에 충실한다. 간만 잘 맞추면 웬만큼은 맛있지. 이제 난 간다. 좀 남겨 뒀으니 어머님 드려. 그럼 또 봐, 멘티."
"잠깐만요."
나는 뒤돌아서는 굿맨을 붙잡았어. 맛있는 거 먹느라 깜빡했는데 꼭 물어야 할 일이 있었지!
"저기, 미스터리 호텔 말이에요. 좀 수상, 아니 이상하지 않아요? 꼭 무슨 사건이 일어날 것 같다던가."
굿맨은 고개를 갸웃거리며 싱긋 웃었어.
"글쎄. 난 잘 모르겠는데? 그럼 안녕."
그런데 굿맨은 한 걸음 내딛다가 뒤를 홱 돌아보았어.

"아, 그러고 보니 요즘 좀 이상하긴 해. 자꾸 날 따돌리는 것 같아. 날 보고 인사도 안 하고 말도 안 시켜. 네 문제만 해도 그래. 내가 멘토를 하겠다는데 굳이 합격을 안 시키더라고. 그래서 내가 좀 우겼지. 넌, 내 덕분에 오디션 나가는 줄 알아."
　굿맨은 엄청 내 생각하는 척했어. 쳇! 하나도 안 고맙거든요.

　그날 밤 집에 돌아온 엄마는 엉망인 부엌을 보고 열렬히 화를 내다가 굿맨표 해골 동그랑땡을 먹고 모든 걸 용서했지.

맛있는 요리는 세상을 화목하게 하는구나!

그런데 참 이상하지? 나랑 엄마는 동그랑땡을 아주 많이 먹었는데, 금세 배가 고파진 거 있지? 지나치게 맛있는 음식은 소화도 지나치게 빨리 되는 걸까!

굿맨은 천재보다 얼마나 더 많이 먹었을까?

굿맨과 천재는 똑같이 3접시를 먹었어. 하지만 천재의 접시에는 동그랑땡이 삼각수로 놓였고, 굿맨의 접시에는 사각수로 놓였어. 첫 번째 접시부터 세 번째 접시까지 그리며 동그랑땡을 세어 볼까?

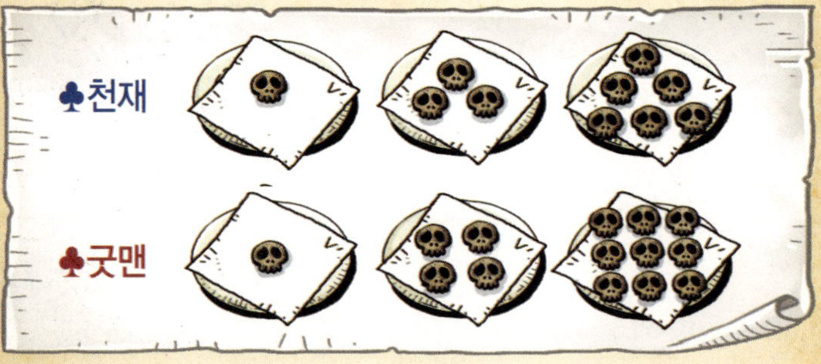

해골 동그랑땡의 개수를 세어 보면, 굿맨이 천재보다 4개 더 많이 먹은 것을 알 수 있어. 여기엔 규칙이 숨어 있어. 규칙을 알면 접시가 많아져도 금방 개수를 알 수 있지.

♣ 천재의 접시 | 1 | 3 | 6 | 모두 더하면 10개.
                        +2 +3

♣ 굿맨의 접시 | 1 | 4 | 9 | 모두 더하면 14개.
                   1   2^2 3^2

원시인이 그릇에 그린 수학 무늬

우리가 원시인이라 부르는 석기 시대 사람들도 수학을 했다. 아직 숫자가 만들어지기 전이라 숫자나 셈은 몰랐지만 도형, 즉 기하학은 좀 알고 있었다.

석기 시대 중에서도 신석기 시대 사람들은 토기(흙으로 빚은 후 불에 구은 그릇)를 만들어 사용했는데, 놀랍게도 토기에 기하학적인 무늬를 그려 넣었다. 기하학적 무늬란 점, 직선, 곡선 등을 반복하거나 교차시켜 만드는 무늬로 수학적인 무늬이다.

신석기 시대 사람들은 V자 모양으로 생긴 토기 바깥 면에 빗살 모양의 새기개라는 도구로 누르거나 그어서 점, 금, 동그라미 등의 기하학적인 무늬를 남겼다. 이렇게 만든 빗살무늬 토기는 신석기 시대를 대표하는 토기이다.

점을 찍거나 선을 긋는 등의 무늬는 원숭이도 우연히 그릴 수 있다. 하지만 빗살무늬 토기처럼 규칙에 따라 반복하는 패턴은 수학적인 능력을 가진 사람만이 그릴 수 있는 수준 높은 수학이다.

수학 탐정 마방진이 나타나다!

 미스터리 호텔에 불이 났대. 뉴스에서 그 소식을 보자마자 쏜살같이 달려갔지.
 귀신산 밑 좁은 길은 새빨간 소방차로 꽉 막혀 있었어. 미스터리 호텔로 가는 입구는 경찰이 지키고 있었고, 소방관들은 바쁘게 움직였지. 구경하는 사람들도 정말 많았어. 나도 구경하는 사람들 사이에 끼어 주위를 둘러보았어.
 굿맨이 손가락을 꼽으며 중얼거리고 있었어.
 "소방차 5대, 소방차 하나에 소방관 6명. 경찰관은 소방관의 반, 구경꾼은 소방관과 경찰관을 더한 수의 3배.

그리고 나."

"굿맨, 여기서 뭐 해요? 어떻게 된 거예요?"

"불이 났어. 다행히 다친 사람은 없어. 난 이 불행한 사건을 음식으로 표현하려고……. 사람은 모두 몇 명이지?"

"여기 몇 명이 있는지가 중요해요?"

"응, 중요해. 그걸 알아야만 다른 생각을 할 수 있어."
굿맨은 털썩 주저앉아 막대기로 숫자를 쓰기 시작했어.
"음……, 소방차 하나에 소방관이 여섯이니까……"

나는 막대기로 괄호를 쳐서 식을 만들고 답을 계산해 주었어.
"굿맨 포함하면 181명. 굿맨을 빼면 180명. 자, 이제 어떻게 된 일인지 말 좀 해 봐요. 네?"

"어떻게 계산했어? 난 계산할 때마다 답이 다르게 나오던데……."

"기본에 충실하면 돼요. 순서에 맞게 계산하는 거죠. 지금 그게 중요한 게 아니죠. 이게 무슨 일이에요?"

굿맨은 금세 또 시무룩해졌어.

"미스터리 호텔은 건물이 낡아서 특별히 불조심을 해야 해. 그렇게 말했는데도 우리 식당에 새로 온 안드레아라는 셰프가 통 말을 안 듣더라고. 결국 사고가 나고 말았지."

스노우퀸 주방에서 불이 났나 봐. 굿맨은 정말

속상하고 놀랐겠어.

"괜찮아요? 근데 여기 있어도 돼요? 가서 정리할 게 많을 텐데."

"새로 온 셰프가 알아서 하겠대. 자기 책임이라고. 정말 마음에 안 들어."

굿맨은 한숨을 푹 쉬었어. 까다롭고 무섭던 벨라 장과 김만복 앞에서도 허허 실실 웃던 모습과는 무척 달랐지.

"새로 온 사람이 어떤데요? 요리는 잘해요? 굿맨이 있는데 왜 뽑은 거래요?"

"여름이라 손님이 많아져서 1명 더 썼는데 별로야. 재료만 끔찍한 것으로 쓰면 끔찍한 요리가 되는 줄 알아. 오자마자 내놓은 새 요리의 재료가 뭔 줄 아니? 전갈, 거미, 개구리. 내 요리의 수칙 1번, 2번을 그렇게 일러 줬는데 들은 척도 안 하고 말이야. 이탈리아 최고 요리 학교를 졸업했다나? 중요한 건 학력이 아니고 능력이고 노력인데. 어쩜 내 말을 그렇게 안 듣냐? 다른 사람들도 점점 내 말을 안 들어. 나이가 어려서 무시당하는 걸까?"

"네……."

뭐라 위로할 말이 없어서 고개만 끄덕였어.

굿맨과 이야기를 하는 동안 화재는 완전히 정리되었어.

소방차들도 나가려고 차를 돌렸지. 구경꾼들은 차가 나갈 자리를 비켜 주느라 반으로 갈라졌어. 그때 주리가 나를 발견하고 다가왔어.

"어, 천재도 왔네. 미스터리 호텔은 수상하다며? 가면 큰일 날 거라더니 웬일이야?"

주리의 말엔 가시가 콕콕 박혀 있었어. 다행히 옆에 있던 지한이가 내 편을 들어 줬지.

"불났다니까 걱정되서 왔겠지. 우린 멘토링 받으러 왔는데, 불이 나서 못 들어갔어."

"응."

나는 고개를 끄덕이며 내 옆을 가리켰어. 굿맨을 소개하고 굿맨에게 멘토링을 받는다는 이야기를 하려고 말이야. 주리와 지한이가 멘토링 받는다고 할 때는 내가 너무 반대해서 말하기가 좀 창피했는데, 지금이 딱 좋은 기회인 것 같았지.

그런데 굿맨이 감쪽같이 사라진 거 있지! 내가 친구들에게 신경 쓰는 사이에 호텔로 올라갔나 봐.

"어, 굿맨……."

갑자기 주리가 끼어들어 말했어.

"꺅! 천재 너도 들었어? 아직은 비밀이라던데. 나도

직원들이 쑥덕이는 소리를 들었어."

"그만. 그 얘긴 안 하기로 했잖아."

지한이는 이마를 찌푸리기까지 했어.

무슨 얘기지? 쑥덕거렸다는 걸 보니 직원들이 정말 굿맨을 따돌리나 봐. 그래서 요리사도 새로 뽑은 거 아냐?

"다들 비겁해. 어른들이 정말 유치하다! 굿맨이 무슨 잘못을 했다고!"

나도 모르게 버럭 소리를 질렀어. 내 멘토인 굿맨이

따돌림당하고 슬퍼하는 건 나도 싫어!

"비겁이란 말은 좀 안 어울린다."

주리는 입술을 삐죽거리다 미스터리 호텔 쪽으로 고개를 꾸벅 숙였어.

"벨라 장이 우리 보고 오래. 가자, 지한아."

벨라 장이 나도 부를지 몰라 고개를 비죽 내밀어 인사를 했어. 하지만 벨라 장은 주리와 지한이만 데리고 미스터리 호텔로 올라갔어. 그 순간 굿맨의 말이 생각났지.

"나만 따돌리는 건 아니겠지?"

혼자서 터벅터벅 돌아오는데 누군가 자꾸 쫓아오는 느낌이었어. 미스터리 호텔에서 놀던 유령이라도 따라온 걸까?

그날 밤 침대에 막 누웠는데 노크 소리가 들렸어.

"누구세요? 엄마? 아빠?"

엄마는 내 방에 들어올 때 노크를 잘 안 하는데! 갑자기 문을 열고 내가 공부를 하는지 감시하지. 아빠는 원래부터 노크가 뭔지도 모르는 사람이야. 화장실 문도 노크 없이 벌컥 열거든.

"누구세요?"

 방문을 열었어. 둥둥 풍선에 모자를 씌워 놓은 것 같은 이상한 형체가 나를 쳐다보았어.
 "오! 진짜 천재 가짜 천재 안천재. 보고 싶었어. 이렇게

널 다시 만날 줄 몰랐다. 우린 전생, 전전생, 전전전생, 유령 생부터 엄청난 인연이 있나 보다. 하하하."

모자 쓴 풍선은 다짜고짜 내 이마에 뽀뽀를 쪽 했어. 찐득한 침의 느낌과 함께 팟팟팟 유령 얼굴 수십 개가 갑자기 떠올랐어. 계순 할머니 유령, 털보 수학자 유령, 이등 유령, 핑크 공주 유령, 마술 왕 유령, 스핑크스 유령까지……. 그 모든 유령을 헤치고 동글동글 통실통실한 유령이 입을 헤벌쭉 벌리며 내게 달려들었지.

"저리 가요, 마방진."

쪽쪽 쪽쪽쪽. 온 힘을 다해 밀쳐 보았지만 **마방진 탐정 유령**은 내 얼굴에 찐득한 침을 잔뜩 묻히며 뽀뽀를 해 댔어.

"좀 떨어지라니까요. 유령 세계에 있다가 무슨 일만 생기면 현실 세계로 찾아와 나를 괴롭히는 철딱서니 없는 유령 형아야!"

굿맨은 왜 계산이 어려웠을까?

복잡한 혼합 계산의 순서를 잘 몰랐기 때문이야. 혼합 계산에서는 다음과 같은 순서대로 계산해야 해.

- 덧셈과 뺄셈이 섞인 경우 앞에서부터 순서대로
- 곱셈과 나눗셈이 섞인 경우 앞에서부터 순서대로
- 덧셈, 뺄셈, 곱셈, 나눗셈이 섞인 경우 곱셈, 나눗셈 먼저
- 괄호가 있는 경우 소괄호( ), 중괄호[}, 대괄호[ ] 순서대로

미스터리 호텔 아래 모인 사람들의 수를 구하는 식을 써 볼까?

- 소방차 5대, 소방차 하나에 소방관 6명. 5×6=30
- 경찰관은 소방관의 반. (5×6)÷2=15
- 구경꾼은 소방관과 경찰관을 더한 수의 3배.

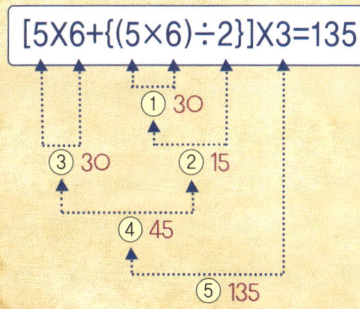

모두 더하면
30+15+135+1=181.
모두 181명이야.

- 그리고 굿맨. +1

유령 파이는 모두 몇 개 일까?

"천재 너 아직 몰라? 굿맨……."

마방진 탐정 유령이 날 빤히 쳐다보며 알 수 없는 말만 했어. 아이고, 답답해라. 도대체 내가 뭘 모른다는 거지? 마방진은 내게 무슨 말을 하고 싶은 거지?

"굿맨이 누군지 정말 몰라?"

"당연히 알죠. 미스터리 호텔 요리사, 요리 천재. 이번 오디션에서 내 멘토."

나는 굿맨에 대하여 아는 것을 또박또박 읊어 주었어. 마방진은 내 눈을 똑바로 보고 굿맨에 대해 내가 모르던 사실을 알려 주었지.

"네 눈엔 굿맨이 사람으로 보이냐?"
"사람 아니면, 뭐 유령이라도 된단 말이에요?"
마방진이 천천히 고개를 끄덕였어. 나는 눈만 껌뻑거렸지. 나를 놀리려는 거짓말일까, 진실일까? 갑자기 으스스 소름이 끼쳤어.
"굿맨이 유령이라고요? 말도 안 돼. 그런 거짓말이 나한테 통할 것 같아요?"
"진짠데."
"근데 어떻게 내 눈에 보여요? 내 눈에만 보이는 거 아니에요. 미스터리 호텔에서 일도 한다고요."
"아닐걸."
"맞아요. 지난번에 화재 현장에서도 봤어요."
"넌 유령을 볼 수 있으니까 네 눈에 보였겠지. 다른 사람도 본 사람 있어?"
"당연하죠. 거기 사람이 얼마나 많았는데요."
하지만 다시 생각해 보니 구경꾼들이 굿맨을 봤는지는 알 수 없어. 굿맨이 호텔에서 일한다고 말은 했지만, 새로 뽑은 셰프며 다른 직원들 모두 자기에게 인사를 안 한다고 했지. 안 보여서 안 한 거라면? 새로 온 셰프도 굿맨의 말을 일부러 안 들은 게 아니라 유령의 말이라 못 들은

거라면? 아이고! 굿맨은 정말 유령인가 봐. 이놈의 인기는 왜 유령들에게만 있는 거야?

"굿맨이 유령이라면 왜 나를 속여요? 왜 유령이라고 말을 안 했죠?"

"자기가 죽은 걸 아직 모르는 것 같아. 그러니까 현실 세계를 저렇게 돌아다니지. 원래 유령이 된 지 24시간 안에 유령 세계로 와야 하거든. 24시간이 지났는데도 오지 않아서 내가 데리러 온 거야. 너무 늦으면 현실 세계를 떠돌다 어둠의 영혼들에게 잡혀갈 수도 있거든."

"자기가 죽은 걸 모를 수도 있어요?"

도저히 이해가 안 됐어. 천재 요리사라며 바보 아니야?

"갑작스런 사고로 죽을 경우 그럴 수도 있어. 아무튼 나는 굿맨을 데리고 갈 임무를 띠고 이 땅에 내려왔어.

네가 굿맨이랑 친한 것 같으니까 좀 불러와. 나도 일 좀 편하게 해 보자."

 마방진 탐정 유령은 내 침대 위에 벌렁 드러누웠어. 도대체 이 유령 형은 어려운 일은 왜 다 나한테 떠넘기는 거냐?

 "싫어요. 굿맨이 유령이라면 이제부터 무서울 거예요."
 "넌 나도 안 무서워하잖아. 어여 갔다 와용. 멘토링 받겠다고 꾀어서 데려와."

 마방진은 우리 집에서 나를 강제로 쫓아냈어. 어디로 가야 굿맨을 찾을 수 있는지도 모르는데 말이야. 미스터리 호텔로 갈까, 굿맨의 연구실을 찾아갈까? 연구실이 어디 있는지도 모르는데? 집 마당을 어슬렁거리며 고민하는데 갑자기 굿맨이 나타났어.
 "아이고, 깜짝이야."

 발자국 소리도 없이 나타나는 걸 보니 굿맨은 유령이 분명해.

 "천재 나와 있네? 안 그래도 널 만나러 오는 길이었어. 꼭 가르쳐 주고 싶은 요리가 있거든. 재료도 사 왔어. 내 연구실에 가서 가르쳐 줄까?"
 "아, 아니요. 우, 우리 집으로 가요. 집이 비어서 얼른

들어가야 해요."

 턱이 덜덜 떨려서 말이 잘 안 나왔어. 굿맨이 유령이라고 생각하니까 괜히 겁이 나고, 유령을 속이려니 더 겁이 났어.

 굿맨은 아무런 의심도 없이 우리 집으로 들어왔어.
"네가 끔찍하게 싫어하는 재료로 만들 끔찍하게 맛있는 파이야. 반죽은 벌써 해 왔어."

 굿맨은 우리 식탁 위에 재료를 쭉 늘어놨어. 먼저 2가지 반죽. 내가 제일 싫어하는 까만색 반죽과 개구리를 닮은 초록색 반죽. 아무리 맛있게 구워도 절대 먹고 싶지 않을 거야. 그런데 나머지 재료는 더 기가 막히지 뭐야. 차마 내 입으로는 말도 하기 싫은 것들뿐이야. 채소로는 말린 고사리, 말린 가지, 브로콜리 그리고 해물로는 미꾸라지, 해삼, 멍게.

 "반죽 하나에 재료 2가지를 넣어 파이를 만들 거야. 채소 하나 해물 하나. 골고루 골라 봐."

 굿맨이 싱긋 웃었어. 하지만 난 고개를 절레절레 흔들었지. 저걸 먹었다가는 우웩!

 "골라 봐. 반죽 하나, 채소 하나, 해물 하나. 네가 고를 수 있는 파이 종류가 음, 음, 몇 개냐 하면······."

굿맨은 이 끔찍한 재료들로 만들 수 있는 파이의 경우의 수를 세기 위해 손가락을 꼽았어.

바로 그때 탐정 유령이 불쑥 나타나 **유령 밧줄**로 샤샤샥 굿맨을 묶었어. 굼뜬 탐정 유령이라고는 믿어지지 않을 만큼 순식간의 일이었어. 굿맨은 너무 놀랐는지 뿌리치지도 않았어.

"잡았다. 굿맨, 가야 할 곳으로 얌전히 가시지."

"지, 지금 나 유, 유령 본 거 맞지, 천재야?"

굿맨의 이마와 코끝에 땀이 송골송골 맺혔어.

"간지러워요. 좀 닦아 줘요."

굿맨이 코를 씰룩거리며 말했어. 마방진은 인상을 찌푸렸지.

"지금 땀을 닦아 달라는 거예요? 아우, 더러워!"

"그럼 어떡해요? 너무 간지러운 걸요.

난 간지럼을 무지 잘 탄단 말이에요. 너무 간지러워. 에헤헤, 에헤헤."

굿맨은 몸을 비비 꼬았어. 마방진은 얼굴을 찌푸리며 티슈를 굿맨의 코에 붙여 줬지. 흰 티슈는 땀 때문에 굿맨의 코에 달라붙어 팔랑거렸어.

"더 간지러워. 너무 간지러워. 이헤헤헤."

굿맨은 부엌 바닥을 데굴데굴 굴렀어. 하는 수 없이 내가 티슈를 떼어 주고 땀도 닦아 줬지.

"굿맨, 지금 코 간지러운 게 문제예요? 무슨 일인지 빨리 물어봐야죠. 여기 이 탐정 유령이 굿맨을 유령 밧줄로 꽁꽁 묶어 버렸잖아요."

굿맨이 누운 채로 자신의 팔을 내려다보았어.

"아! 그렇지. 탐정 유령, 이게 무슨 일이에요?"

굿맨이 물었어. 마방진은 대답은 안 하고 미꾸라지만 뚫어져라 쳐다보았어.

"나, 미꾸라지 정말 좋아하는데. 추어탕, 추어 튀김, 추어 두부. 캬! 옛날에 우리 계순 씨가 추어 두부를 정말 잘 만들었지. 꼴깍!"

"나도 미꾸라지 좋아해요. 미꾸라지 파이. 구수한 반죽에 말린 가지와 찐 미꾸라지를 넣고 구우면 얼마나

맛있다고요. 추어 두부와 비교할 만해요."

굿맨은 누워 버둥거리면서도 요리 얘기를 하며 웃었어. 정말 유령을 잡으러 온 유령이나 잡힌 유령이나 태평하기 그지없었지. 우리 엄마가 자기 부엌에서 일어난 이 광경을 봤다면 2번은 기절했을 텐데.

"만들어 줄까요?"

"물론이죠!"

결국 마방진은 굿맨을 풀어 줬고, 굿맨은 반죽 하나에 채소 하나, 해물 하나를 넣어 만들 수 있는 모든 경우의 파이를 다 만들어 펼쳐 놓았어. 마방진은 그걸 싹 다 먹어 치웠고.

"꺼억! 배부르다. 배가 터질 것 같아. 아무도 내 배를 만지지 마."

마방진은 풍선처럼 부푼 배를 부여잡고 소파에 누웠어.

"그래도 괜찮아. 유령 음식은 방귀 한 번에 다 소화되니까."

마방진이 말했어. 굿맨은 고개를 끄덕였어. 그러다 느릿느릿 물었지.

"그런데 내 파이를 왜 유령 음식이라고 불러요?"

드디어 올 것이 왔구나. 탐정 유령도 놀란 표정으로 유령 밧줄을 찾았어. 그런데 배가 너무 불러서 밧줄에 손이 안 닿지 뭐야. 굿맨이 나를 쳐다보았어. 눈으로 묻고 있었지.

'천재야, 유령 음식이 대체 뭐야?'

아! 이렇게 하기 힘든 말도 꼭 내가 해야 하는 거야? 나는 차마 굿맨을 쳐다보지 못하고 고개를 푹 숙인 채 빠르게 말했어.

"굿맨이 만든 음식이 유령 음식이에요. 굿맨은 유령이에요. 벌써 죽은 지 며칠이나 지났대요. 사람들이 굿맨을 무시한 게 아니라 굿맨이 유령이라 보이지 않은 거예요. 내 오디션 멘토가 되지 못한 이유도 죽었기 때문이죠. **난 오디션에 떨어졌고, 굿맨은 죽었어요.** 그러니까 내 주위에서 떠돌지 말고 어서 유령 세계로 가세요."

순식간에 주변이 조용해졌어. 굿맨은 아까와 똑같은 표정으로 서 있었어. 마방진은 겨우 밧줄을 붙잡았지만 배가 너무 불러서 움직일 수 없었어.

"아니야."

굿맨이 중얼거렸어.

"그럴 리 없어. 나는 이제 고작 스무 살이라고!"

굿맨은 두 주먹을 꽉 쥐었어. 난 겁이 확 나서 재빨리 마방진에게 눈짓을 했어. 마방진은 몸이 홱 뒤집힌 거북이처럼 버둥거리더니 피이이이웅 길고 독한 방귀를

뀌었어. 가스가 온 방을 채워 앞이 다 안 보일 지경이었지.

"콜록콜록, 이제 다 소화됐어. 굿맨을 잡아야지."

하지만 가스가 사라졌을 때 굿맨의 모습도 사라졌어.

"으아아악, 으허허헉."

멀리서 굿맨의 괴로운 울부짖음이 희미하게 들려왔어.

마음이……, 아팠어.

굿맨은 파이를 몇 개 구웠을까?

이 문제는 경우의 수를 구하면 돼. 경우의 수는 어떤 사건이 일어날 수 있는 가짓수야. 2가지 반죽과 3가지 채소, 3가지 해물로 만들 수 있는 파이는 몇 개일까?
반죽 위에 채소, 해물이 둘 다 올라가야 하니까, 식으로 써 보면 2×3×3=18. 파이를 모두 18개 구울 수 있어.
검은 반죽으로 만들 수 있는 파이의 경우의 수를 그림(수형도)으로 그려 보면, 쉽게 알 수 있어.

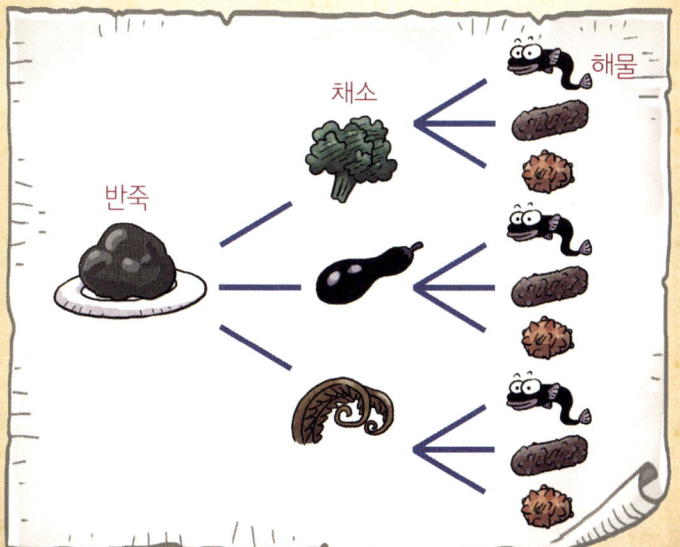

모두 9가지지? 초록색 반죽도 이와 같으므로 곱하기 2를 하여 모두 18개가 나와.

7

미스터리 회장이 낸
수학 수수께끼

굿맨은 정말 감쪽같이 사라졌어. 하는 수 없이 나는 마방진 탐정 유령과 함께 굿맨을 찾아 나섰어. 마방진은 유령 탐지기에 굿맨의 유령 에너지를 입력한 뒤 굿맨의 흔적을 쫓아 미스터리 호텔 쪽으로 갔어. 미스터리 호텔 바로 밑에서 굿맨의 흔적은 사라졌어. 유령 탐지기가 뚜뚜뚜뚜 요란하게 울리더니 먹통이 되어 버렸거든. 역시 미스터리 호텔은 뭔가 이상해!

"어떡해! 굿맨을 꼭 데려가야 하는데. 굿매에에엔!"

마방진은 허공에서 발을 동동 구르며 소리쳤어. 우리는 닭 쫓던 개처럼 미스터리 호텔 지붕만 쳐다보았어.

따리링. 갑자기 문자가 왔어.

천재야, 내가 스스로 죽었을 리는 없어. 누군가 나를 죽인 게 분명해. 난 꼭 그 비밀을 밝혀낼 거야. -굿맨

마방진에게 문자를 보여 줬어.

"굿맨을 데려가지 못하면 나도 유령 세계로 갈 수 없어. 굿맨이 범인을 찾아낼 때까지 여기, 네 곁에 오래오래 있을 수밖에!"

마방진은 물에 빠진 생쥐처럼 불쌍한 표정으로 나를 쳐다보았어. 도대체 유령들은 내가 왜 좋은 걸까? 나는 발을 동동 굴렀어. 그래도 진드기 같은 탐정 유령은 떨어져 나가지 않았지. 하는 수 없이 나는 말했어.

"알았어요. 내가 범인을 찾아 줄게요. 대신 범인을 찾으면 굿맨 데리고 당장 유령 세계로 돌아가야 해요!"

"정말? 안천재, 최고! 나도 좀 도와줄게."

마방진은 금세 헤헤거렸어. 명석한 두뇌, 최고의 수학

실력, 이러면서 잘난 척할 땐 언제고 겨우 초등학생인 나한테 어려운 일을 떠맡기려는지 모르겠어!

　나는 당장 범인 찾기에 들어갔어.

　"동기를 알면 범인 후보자를 가려낼 수 있어요. 난 굿맨

주변을 조사할 거예요."

"나도 그러려고 했어. 수사는 내가 전문이잖아. 명석한 두뇌, 뛰어난 수학 실력, 훤칠한 외모의 탐정 유령."

"어휴, 혼자 해결도 못하면서 잘난 척이나 하지 말아욧!"

마방진을 무섭게 째려봐 주고 밖으로 나왔어.

나는 평소 굿맨과 사이가 나쁜 사람은 누구인가, 굿맨이 없어지면 이득을 볼 사람은 누구인가 알아보았어. 그러다 아주 뜻밖의 사실을 알게 되었어.

미스터리 호텔 회장의 유언장에 관한 거야. 미스터리 호텔의 회장인 미스터리 장은 원래 하나뿐인 딸에게 전 재산을 물려주려고 했대. 그런데 작년에 큰 병을 앓은 후 유언장의 내용을 바꿨대. 자신이 낸 수학 수수께끼 문제를 가장 많이 맞힌 요리사에게 호텔을 물려주기로 한 거야.

정말 엉뚱하지? 미스터리 호텔이라면 논리적인 사람보다 엽기적인 사람이 훨씬 잘 운영할 것 같은데.

회장님은 그동안 벨라 장, 김만복, 굿맨에게 두 문제를 냈어. 그 세 명 중에서 두 문제를 모두 맞힌 사람이 누구였는 줄 알아? 바로 굿맨이야. 대체 어떤 수학 수수께끼였는지

97

궁금하다고?

첫 번째 수학 수수께끼
엄마 둘과 딸 둘이 소풍을 갔다가 빵 3개를 하나씩 사이좋게 나누어 먹었다. 어떻게 된 것일까?

사람은 넷인데 빵 3개를 하나씩 먹었다고?
나는 한참을 고민하다가 문제를 풀었어. 엄마와 딸이라는 관계를 가만히 생각해 봤지. 그렇게 하니까 수수께끼의 답을 알겠더라고.

두 번째 수학 수수께끼
달걀을 정확히 10분 동안 삶아야 한다. 시계는 8분이면 모두 떨어지는 모래시계와 9분이면 모두 떨어지는 모래시계 2개뿐. 어떻게 할 것인가?

두 번째 문제는 훨씬 더 오래 생각해야 했어.

난 디지털 세대라서 모래시계는 통 모르거든. 그러나 결국 답을 맞힐 수 있었어. 나도 굿맨 못지않게 똑똑한가 봐. 나한테 물려주지, 호텔. 으하하핫.

음, 본론으로 돌아가서, 현재까지 호텔을 물려받을 가능성이 가장 많은 사람은 바로 굿맨이야. 만약 미스터리 호텔의 회장님이 수수께끼 문제를 더 내지 못하고 갑자기 돌아가시기라도 한다면 미스터리 호텔은 굿맨의 두 손에 통째로 굴러떨어지지.

그런 일이 일어났을 때 배가 아파 할 사람은 누굴까? 그래, 미스터리 장의 하나뿐인 딸이지.

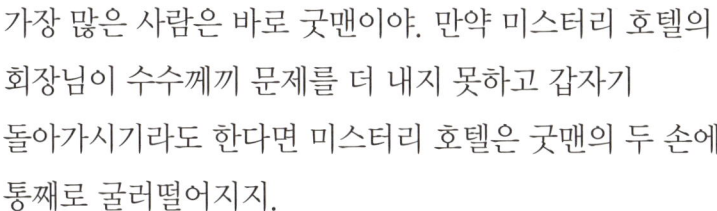

범인은 벨라 장이 틀림없어. 굿맨이 갑자기 사라진다면 회장님의 원래 유언대로 호텔을 물려받을 수 있는

사람이니까. 굿맨이 호텔을 물려받게 될 상황에 배가 아팠던 거야. 게다가 벨라 장은 처녀 귀신처럼 차갑고 무서운 사람이잖아! 굿맨 정도는 단칼에……, 으으으!

수학 수수께끼 풀기

♣첫 번째 수학 수수께끼 해결하기

엄마 둘과 딸 둘은 실제로 세 사람, 할머니, 엄마, 딸이야. 엄마는 딸에게는 엄마이면서 할머니에겐 딸이니까.

♣두 번째 수학 수수께끼 해결하기

1분 + 9분 = 10분

① 먼저 모래시계 2개를 동시에 엎어 놓는다. 8분짜리 시계에서 모래가 다 떨어지는 순간 재빨리 불을 켠다.

② 9분짜리 모래시계에는 1분이 남아 있으므로 모래가 다 떨어지도록 기다리면 1분을 잴 수 있다.

③ 모래가 다 떨어지면 9분짜리 모래시계를 다시 뒤집어 모래가 다 떨어졌을 때 불을 끈다. 그러면 1+9=10이므로, 정확히 10분 동안 달걀을 삶을 수 있다.

미스터리 수학

온도에 따라 맛이 달라지는 요리

똑같은 국이라도 뜨거울 때와 식었을 때 맛이 다르다. 짠맛은 온도가 낮을수록 더 잘 느껴지기 때문이다.

쓴맛도 온도가 낮을수록 잘 느껴진다. 반대로 단맛은 온도가 높을수록 더 달게 느껴지고, 사람의 체온과 비슷할 때 가장 달게 느껴진다. 초콜릿은 우적우적 씹어 먹는 것보다 입안에서 살살 녹여 먹어야 더 달콤하게 먹을 수 있다.

요리사들이 오랜 경험과 과학으로 맛있는 온도를 찾아냈다. 새우튀김은 130℃일 때 가장 바싹하고, 피자와 감자튀김은 75℃일 때 가장 맛있다. 스테이크는 65℃에서 구웠을 때 육즙이 풍부하고 고기가 연해 가장 맛있다. 이보다 온도가 높아지면 육즙이 증발하여 고기가 질겨진다.

어른들이 즐겨 마시는 커피는 92℃에서 뽑아야 가장 진한 향을 낸다. 하지만 마실 때는 55℃로 식혀 마셔야 가장 맛있다.

무시무시한
복어 독 계산법

"범인은 김만복이야."

저녁이 다 돼서 돌아온 마방진 탐정 유령은 김만복을 범인으로 꼽았어.

"아니에요. 범인은 벨라 장이에요."

나는 회장님의 유언장 얘기를 들려주었어.

"그래도 나는 김만복이 더 의심스러워. 김만복과 굿맨은 거의 원수 사이였대."

마방진은 김만복에 대해 알아 온 사실을 말해 주었어.

김만복은 아주 뛰어난 요리사래. 지금까지 김만복이 만든 요리를 먹고 맛없다고 말한 사람은 거의 없었대.

그래서인지 김만복은 자기 요리에 대한 자부심이 지나치게 강했어. 자기 요리가 조금이라도 이상하다고 하면 참지를 못했대.

한번은 손님이 김만복이 직접 만든 '먹물 돈가스'를 먹고 이렇게 말했대.

"시커멓고 흉측한 게 딱 내 스타일이에요. 먹물 비린내만 안 나면 더 좋을 텐데."

"먹물 비린내? 비린내가 난다고요?"

김만복은 먹물 돈가스를 새로 만들어 내놓았어. 손님은 당황해서 손을 내저었지.

"전 배가 부른데요."

"그래도 다시 먹어 봐요. 비린내가 나는지 안 나는지 다시 먹어 보라고요."

김만복은 돈가스 한 조각에 시커먼 먹물 소스를 듬뿍 찍어 주었어. 손님은 돈가스를 억지로 먹고 이렇게 말했대.

"배가 불러서 그런지 비린내가 더 많이 나는 것 같아요."

김만복은 툭 불거진 입술을 부르르 떨며 소리쳤어.

"손님, 여기 꼼짝 말고 있어요. 먹물 소스를 새로 만들어

올 테니 다시 먹어 봐요. 절대로 그냥 나가면 안 됩니다."
 손님은 김만복이 만든 먹물 돈가스를 무려 4접시나 먹고 '정말 맛있다.'고 말한 뒤 겨우 풀려났대.
 김만복은 정말 고약한 사람이지? 먹을 걸로 사람을 괴롭히다니. 하지만 그런 괴롭힘이라면 얼마든지 당하고 싶어. 나는 김만복이 양손에 돈가스 접시를 2개씩 겹쳐 들고 오는 상상을 했어. 저절로 웃음이 나왔지.
 "이렇게 하늘을 찌르는 김만복의 자존심을 굿맨이 왕창 긁어서 둘은 원수 사이가 된 거야!"

　탐정 유령은 김만복이 굿맨을 싫어하게 된 사연을 자세히 들려주었어.

　굿맨은 네꼬오카이와 고스트베이커리의 음식과 빵을 모두 맛보고 품평을 한 적이 있었대.

　"고스트베이커리의 케이크는 정말 환상이군요. 쿠키도 맛있어요. 하지만 샌드위치는 별로예요. 맛도, 모양도, 가격도 다시 정하는 게 좋겠어요."

　자신감 넘치는 벨라 장은 코웃음을 쳤어.

　"네까짓 게 뭘 알아? 내 빵은 최고라고! 네 입맛이나 점검하시지!"

　굿맨은 김만복이 만든 네꼬오카이의 음식에도 평을 하였어.

　"네꼬오카이의 음식은 화려하고 자극적이에요. 한 번 먹으면 맛있지만 영혼이 느껴지지 않아요. 겉모습에만 너무 신경 쓴 거 아닌가요?"

　김만복은 불같이 화를 냈대.

　"애송이 녀석! 감히 내 음식을 무시해? 이건 나에 대한 모욕이자 도전이다! 절대로 가만두지 않겠어. 본때를 보여 주겠어."

　그날부터 김만복은 굿맨을 못 잡아먹어 안달이었대.

굿맨의 음식 재료를 훔쳐 가기도 하고, 아는 사람을 시켜 스노우퀸 음식에 불평을 하도록 만들기도 했지. 약이 오른 굿맨도 김만복의 신메뉴를 맛볼 때마다 맛이 없다며 반대를 했어.

굿맨이 죽기 며칠 전에 열렸던 신메뉴 개발 회의 때도 두 사람은 한바탕 싸웠어. 김만복이 새로 들고 온 요리는 복어 크로켓이었어.

"복어 독은 해독제도 없는 치명적인 독이오. 세상에서 가장 **위험한 재료**가 세상에서 가장 달콤하고 부드러운 크림과 어우러진 끔찍한 요리! 바로 미스터리 호텔에 딱 맞는 요리 아니겠소! 핫핫핫."

김만복은 자신 있게 요리를 내놓았어.

"복어 독은 잘 제거했겠죠?"

굿맨이 묻자 김만복은 능글맞게 웃으며 어깨를 으쓱했어.

"뭐야? 제대로 한 거 맞아요?"

벨라 장이 독사 같은 눈을 째려보며 다시 묻자 김만복은 얼른 설명을 해 줬어. 어찌된 일인지 김만복은 벨라 장에게 꼼짝 못했거든.

"이 복어의 무게는 원래 2kg이었소. 하지만 독이 있는

부분인 난소, 간, 알 등 내장을 빼고 나니 1200g이 되었지. 혹시라도 독이 묻어 있을까 봐, 물을 30ℓ나 써서 씻었소. 됐소?"

"음, 그럼 복어 1마리에 독이 든 부분은 몇 분의 몇이나 되나요?"

굿맨이 손가락을 꼽으며 물었어.

"도대체 그게 왜 궁금해?"

김만복은 굿맨에게 눈살을 찌푸리며 으르렁거렸어.

"전 그냥……. 독성이 강한 복어일수록 맛이 좋다니까, 이 복어는 얼마나 맛이 좋을까 생각해 봤죠. 가격도요. 비싼 복어로 과연 메뉴 가격을 맞출 수 있는지……."

"지금 내 요리 솜씨를 의심하는 거야? 좋아, 특별히 내 요리 비법을 공개하지. 복어 살을 다질 때에는 아주 날카로운 칼로 다져야 살이 뭉개지지 않아 맛이 살아 있지. 자, 걱정하지 말고 둘이 먹다 셋이 죽어도 모를 **복어 크로켓** 맛이나 보셔. 굿맨, 자네에겐 내가 특별히 더 맛

좋은 부분을 주지."

김만복은 눈을 부라리며 복어 크로켓을 4조각으로 나누어 미스터리 장, 벨라 장, 굿맨에게 주었대.

"오! 복어 살이 부드럽고 쫄깃하게 씹히는 게 너무

맛있어요. 좀 더 먹어도 되나요?"

굿맨은 너무 맛있다며 김만복의 몫까지 홀랑 먹었대. 하지만 곧 문제가 발생했어. 스노우퀸 조리실로 돌아온 굿맨이 갑자기 쓰러진 거야.

"이수리 안 우지겨. 소니 쪄려.(입술이 안 움직여. 손이 떨려.)"

굿맨은 입술이 마비되기 시작하면서 몸 전체가 마비되어 갔어. 복어 독인 테트로도톡신 중독 증상이었어.

사람들은 굿맨을 당장 병원으로 옮겼어. 다행히 굿맨은 금방 나았지.

"김만복은 굿맨을 죽이려고 일부러 복어 독을 먹인 거야. 그리고도 살아나니까, 이번에는 다른 방법을 쓴 거지."

탐정 유령은 김만복을 범인으로 확신했어. 하지만 난 이상한 점을 발견했지.

"다른 사람도 복어 크로켓을 먹었는데, 왜 굿맨만 중독됐을까요?"

탐정 유령은 골똘히 생각한 끝에 말했어.

"김만복이 복어 크로켓을 나눠 줬잖아. 굿맨에게만 독이 있는 부분을 골라 준 게 아닐까?"

탐정 유령의 말을 듣고 보니 그럴듯했어.

그렇다면 굿맨을 죽인 범인 후보자는 벨라 장과 김만복. 둘 중 누가 범인일까?

복어 1마리에 든 독의 양은?

2kg짜리 복에서 독이 없는 부분 1200g을 빼면 나머지가 독이 있는 부분이겠지?

$1kg = 1000g$

다른 단위가 섞여 있는 계산은 먼저 단위를 한 단위로 통일해야 해. 그럼 2kg은 2000g이야. 2000-1200=800(g)이므로, 독이 있는 난소, 간, 알 등 내장의 무게는 800g이야.

굿맨이 궁금한 것은 '독이 있는 부분이 복어의 몇 분의 몇일까?' 이었으니, $\frac{800}{2000}$, 이 분수를 400으로 약분하면 $\frac{2}{5}$

김만복이 요리한 복어는 복어의 5분의 2가 독을 품은 부분, 나머지 5분의 3은 먹을 수 있는 부분이었어.

수학 수수께끼에
끼어든 수상한 요리사

 코끝에 파리가 앉았나? 왜 이렇게 간지럽지? 잠결에 손을 휘휘 젓다가 눈을 번쩍 떴어. 굿맨이 내 얼굴을 빤히 쳐다보고 있었어. 순간 나는 주인에게 충실한 강아지처럼 내 침대 발치에서 콜콜 자고 있는 마방진을 깨울까도 생각했어. 그러면 마방진이 굿맨을 유령 밧줄로 꽁꽁 묶어 유령 세계로 데려갈 텐데. 나는 이 끔찍한 사건에서 손을 뗄 수 있을 테고.
 하지만 그러지 않았어. 굿맨이 억울한 마음을 풀지 못하고 유령 세계로 가면 분명 내 꿈속에 나타나 나를 괴롭힐 거야. 그럼 틈만 나면 날 찾아와 귀찮게 하는

뚱뚱이 유령 하나도 모자라 범인을 찾아 달라고 징징대는 멀끔한 유령 친구가 또 하나 생기는 거잖아. 생각만 해도 소름이 끼치는군!

나는 마방진을 깨우지 않으려고 굿맨에게 소곤소곤 말했어.

"아직 범인은 못 찾았어요. 하지만 의심 가는 사람은 있어요."

"그렇지? 너도 안드레아가 의심스럽지?"

굿맨은 전혀 뜻밖의 인물을 꺼내 들었어.

안드레아는 굿맨의 뒤를 이어 스노우퀸에 들어온 요리사야. 굿맨이 죽은 뒤 새로 뽑힌 사람이지.

"아니에요. 우리는 벨라 장과 김만복을 의심하고 있어요."

"벨라 장? 김만복? 그 사람들이 왜?"

나는 미스터리 장의 유언장과 김만복의 복어 요리에 대해 설명해 주었어. 굿맨은 주의 깊게 듣고 있다가 고개를 내저었지.

"아닐 거야. 우리는 가족 같은 사이야. 그 사람들이 나를 죽였을 리 없어. 벨라와 김 부장님은(굿맨은 김만복을 김 부장님이라고 불렀어.) 겉은 차가워 보이지만 속은 안 그래.

김 부장님과 난 음식 철학이 안 맞아 좀 으르렁거리긴 했지만 그건 선의의 경쟁이었어. 김 부장님은 우리 엄마가 아팠을 때 전복죽을 직접 쒀서 보내 준 좋은 사람이야. 우리 엄마가 입맛이 없다고 그 전복죽을 안 드셨다니까 엄청 화를 내긴 했지만 나를 죽일 정도는 아니었어."

"벨라 장은요? 굿맨이 미스터리 호텔을 차지할까 봐 굿맨을 싫어하지 않았어요?"

굿맨은 또 고개를 저었어.

"벨라는 미스터리 호텔에 관심 없다고 했어. 프랑스에 가서 빵으로 승부를 보겠다고 했지."

후, 나는 한숨을 푹 쉬었어. 도대체 범인은 누구야?

"굿맨, 그러지 말고 잘 좀 생각해 봐요. 굿맨이 죽을 때 무슨 일이 있었는지. 굿맨이 그걸 기억해 낸다면 저같이 평범한 초등학생이 범인을 찾느라 이렇게

고생할 필요가 없잖아요. 네?"

"미안해."

굿맨의 선한 미소를 보니 내가 더 미안해졌어.

"안드레아는 왜 의심하는 거지?"

별안간 마방진 탐정 유령의 날카로운 목소리가 들렸어. 자는 줄 알았는데 우리 얘길 듣고 있었나 봐.

"굿맨, 난 널 지금 여기서 체포하여 강제로 유령 세계로 데려갈 수도 있어. 하지만 난 탐정이야. 흥미진진한 사건을

묻어 둘 순 없지."

탐정 유령은 한껏 거들먹거렸어. 나한테 범인을 찾으라고 할 때는 언제고!

"고마워요, 탐정 유령. 날 죽인 범인만 찾으면 탐정 유령을 곤란하게 하지 않고 바로 유령 세계로 올라갈게요. 조금만 기다려 줘요."

굿맨은 마방진의 손을 덥석 잡았어.

나는 화기애애한 두 유령에게 큰 소리로 잔소리를 날려 주었지.

"자, 얼른 수사를 시작해야죠. 안드레아가 뭘 어쨌기에 의심스럽죠?"

굿맨이 안드레아를 처음 만난 건 미스터리 호텔 입사 시험 때였대. 입사 시험은 물론 '끔찍한 요리'라는 주제로 치러졌지.

이탈리아에 가서 요리를 공부하고 돌아온 안드레아는 곰 발바닥을 이용한 라비올리(이탈리아식 네모 모양의 만두)를 만들었고, 굿맨은 고소하고 소름 끼치는 벌레 꼬치 요리를 만들었어.

미스터리 호텔의 회장인 미스터리 장은 둘의 요리를

117

보고, 먹어 보기도 전에 굿맨을 요리사로 뽑았대. 미스터리 호텔에 들어오기 위해 몇 년 동안 끔찍한 요리법을 연구한 안드레아는 이해할 수 없었지. 아무리 봐도 자신의 요리가 더 끔찍했거든.

"회장님, 다시 한번 생각해 주세요. 맛도 안 보고 결정하는 법이 어디 있어요? 평범한 **벌레 꼬치 요리**보다 **곰 발바닥 라비올리**가 훨씬 끔찍하지 않나요?"

회장님은 대답했지.

"야생 동물을 괴롭혀 얻은 재료는 세상에서 가장 끔찍해요. 하지만 내가 원하는 끔찍한 요리는 그런 게 아니오. 나는 동물 보호 주의자거든. 내가 원하는 건 상상력이지 살생은 아니란 말이오."

안드레아는 크게 실망을 하고 돌아갔대. 하지만 스노우퀸을 포기하지 않았어. 굿맨이 요리사로 있는 동안에도 계속 이력서를 내고, 새로운 요리법을 개발해 회장님께 보냈어. 회장님이 활동하는 동물 보호 협회에 들어가 봉사 활동도 적극적으로 했고. 마침내 미스터리 회장님도 안드레아의 열정에 감동하여 이렇게 약속을 했대.

"안드레아, 당신은 정말 열정적인 요리사요. 대단하오.

혹시라도 굿맨이 스노우퀸을 그만두면 그땐 안드레아 당신을 채용하겠소."

굿맨의 얼굴이 어두워졌어.

 "나는 스노우퀸을 그만둘 생각이 전혀 없었어. 내가 그만두지 않으면 안드레아는 기회를 얻을 수 없었지. 그래서 나를 없애 버리기로 한 거야. 내가 죽자마자 쪼로로 달려와 스노우퀸을 차지하고 자기 마음대로 스노우퀸을 바꿔 놓은 것만 봐도 알겠지?
 어디 그것뿐인 줄 알아? 미스터리 회장님께 **수학 수수께끼**를 맞힐 테니 호텔을 물려받을 수 있는 권리를 자기에게도 달라고 했대. 나 대신 말이야. 그래서 회장님이 문제를 하나 냈대. 아직 정답을 발표하진 않았지만 안드레아는 분명 그 문제도 풀었을 거야. 회장님의 문제는 바로 이거야."

> **수학 수수께끼**
> 호박이 8개 있다. 그중 하나는 가짜 호박이라 진짜 호박보다 더 무겁다. 양팔 저울을 두 번 활용하여 가짜 호박이 무엇인지 알아내시오.

 문제가 나오자마자 나는 자동으로 풀기 시작했어.
 내가 머릿속으로 회장님의 수수께끼를 열심히 푸는 동안 굿맨은 안드레아의 이름을 부르짖으며 부르르 떨고

있었지.

"미스터리 호텔이 끔찍한 이유는 음식이 아니라 일하는 사람들 때문인가 보지?"

마방진은 코를 후비며 우리를 지켜보았지.

무게가 무거운 가짜 호박을 찾아라!

먼저 양쪽에 호박을 3개씩 올려서 수평을 만들어. 만약 수평이 된다면 남은 2개를 양쪽에 1개씩 올렸을 때 더 무거워서 내려간 쪽에 올린 호박이 가짜 호박이야.

만약 수평이 되지 않고 한쪽이 무겁다면, 무거운 쪽의 호박 3개 중 2개를 각각 양팔저울에 올려. 한쪽이 내려가면 그것이 가짜 호박이야. 이때 2개의 무게가 같다면 3개 중 무게를 재지 않은 나머지 하나가 가짜 호박이야.

10
삼각자로 만든 외눈박이 초콜릿

미스터리 호텔은 파헤치면 파헤칠수록 수상한 냄새가 점점 더 많이 났어.
"유령 놀이는 그만! 평범한 초등학생의 세계로 돌아와!"
내 마음 깊은 곳에서 자꾸 소리가 들렸어. 하지만 나는 미스터리 호텔로 가는 마을버스를 다시 탈 수밖에 없었어. 평범한 초등학생의 세계로 빨리 돌아오려면, 최대한 빨리 굿맨 사건을 해결하고 유령 둘을 유령 세계로 보내는 것밖에는 방법이 없으니까.
'범인은 사건 현장에 꼭 돌아온다.'
나는 주먹을 불끈 쥐고 용기를 끌어올렸어.

 어깨가 부르르 떨렸어. 제발, 범인과 마주치지 않기를. 애써 고개를 저었어. 부디, 범인과 마주치기를. 이렇게 끔찍한 사건을 빨리 해결하게!

 복잡한 머릿속만큼 헝클어진 오솔길을 걸어 미스터리 호텔에 도착했어. 어디로 갈까 망설이다가 주리가 멘토링을 받고 있는 고스트베이커리로 갔어. 지한이가 있는 네꼬오카이에 가고 싶었지만 정보를 얻기엔 수다쟁이인 주리가 나으니까. 사실은 김만복이 무서워서 네꼬오카이에 갈 수가 없었어. 친구야, 미안하다!

 고스트베이커리의 조리실을 들여다보니 이마에 시커먼 초콜릿을 잔뜩 묻힌 주리가 삼각자를 들고 고민에 빠져 있었어.

 "무슨 일이야?"

 슬쩍 다가가 물었어. 주리는 누군가 물어봐 주기를 기다렸다는 듯 줄줄 문제를 털어놓았어.

 "오! 천재야. 나 좀 도와줘. 벨라 장이 초콜릿을 만들라고 했거든."

 "초콜릿? 좋아. 만들다 실패하면 좀 먹어도 되지?"

나는 두 팔을 걷어붙이고 달려들었어. 근데 초콜릿을 어떻게 만드는 거지?

"나도 어제부터 배웠는데 초콜릿 만들기가 얼마나 어려운 줄 아니? 덩어리 초콜릿을 녹여 템퍼링을 하는데, 온도가 아주 중요해. 초콜릿의 원료인 카카오 버터는 결정 구조가 여섯 종류인데 굳히기에 따라……."

뭐라, 뭐라고 하는 거지? 주리가 지금 우리말 하는 거 맞나? 내가 초콜릿에 대해 아는 거라고는 맛있다, 달콤하다, 많이 먹으면 살찐다 뿐인데!

"그, 그래? 아무래도 난 초콜릿 만드는 걸 도와주기는 좀 어렵겠다."

주리는 처음부터 내게 도와 달라고 할 생각이 없었나 봐. 내 말에는 아랑곳하지 않고 녹인 초콜릿을 대리석 석판에 조금 붓고, 식힌 초콜릿을 또 섞으며 혼자서 진지하게 초콜릿을 만들었어. 한 손에는 온도계를 들고 심각한 표정을 짓는 모습이 요리사라기보다 과학자 같았지.

"아! 됐다. 초콜릿을 두껍게 만든 다음에 설탕물을 발라 눈 모양으로 만든 이 아몬드를 박는 거야. 그 다음에 온도를 낮춰 차갑게 굳히는 거지. 외눈박이 초콜릿. 정말 천재적으로 끔찍한 아이디어 아니냐?"

　나는 고개를 끄덕였어. 두툼하고 커다란 초콜릿 판에 듬성듬성 박힌 아몬드 눈알은 끔찍하고 재미있었어. 외눈이 아니라 눈이 너무 많다는 문제가 있었지만.
　다행히 주리도 문제를 잘 알고 있었어.
　"근데 이건 외눈이 아닌 게 문제야. 벨라 장은 이 초콜릿 판을 정확히 평행사변형으로 잘라 평행사변형 외눈박이 초콜릿을 만들래. 겨우 삼각자 2개를 주면서 말이야. 이건 불가능해. 힝, 난 초콜릿 때문이 아니라 평행사변형 때문에 이 과제에서 실패할 거야."

　주리는 아몬드 눈알이 띄엄띄엄 박힌 초콜릿 판 앞에서 울상이 되었어.
　"아니야. 넌 성공할 거야. 내가 삼각자 2개로 평행사변형을 그릴 수 있거든."
　"정말, 정말, 정말?"
　주리의 눈이 반짝반짝 빛났어.
　"봐. **평행사변형**은 마주 보는 두 쌍의 변이 평행인 사각형이야. 삼각자 2개를 이용하면 마주 보는 두 변을 평행으로 그릴 수 있지. 윗변, 아랫변을 그리면 같은 방법으로 옆의 두 변도 그릴 수 있어."
　나는 삼각자 2개를 이용해 초콜릿을 평행사변형 모양으로 잘라 주었어. 하나는 평행사변형 중 가장 그리기 쉬운 직사각형으로 잘랐지. 평행사변형도 여러 가지 모양이거든.
　"오! 천재야, 넌 내 은인이야. 일등 해서 프라하에 가면 네 선물로 꼭 해골 열쇠고리를 사다 줄게."
　주리는 호들갑을 떨었어. 나는 주리가 흥분한 틈을 노려 궁금한 것들을 물어보았어.
　"근데 주리야, 굿맨은 왜 그렇게 된 거야?"
　"그러게 말이야. 하지만 잘됐다는 사람들도 있어.

어디라도 여기보단 나을 거라고."

 죽은 사람 보고 잘됐다고? 역시 미스터리 호텔은 무서워. 나는 속으로만 부르르 떨며 다시 물었어.

 "여기가 뭐가 그렇게 안 좋대?"

 "으응, 일이 엄청 많은가 봐. 사람들이 늘 피곤해해. 굿맨이 갑자기 쫓겨난 건 안됐지만 실력이 좋으니까 더 좋은 일자리를 찾을 거래."

 주리는 단단하게 굳은 외눈박이 초콜릿을 포장하며 말했어.

 "뭐라고? 굿맨이 쫓겨나? 다른 일자리?"

 하마터면 먹던 초콜릿을 떨어뜨릴 뻔했어. 주리는 굿맨이 죽었다는 걸 모르고 있었으니까! 근데 왜 굿맨에 대해 비밀스럽게 굴었던 걸까?

 "참, 굿맨이 쫓겨난 건 다른 사람들한테는 비밀이야. 회장님 명령이래."

 "왜?"

 "몰라. 손님들 중에 굿맨 팬이 많았나 보지. 근데 천재야, 여긴 왜 왔어?"

 "어, 그냥. 지한이 좀 만날까 해서……. 열심히 해."

 얼버무리며 고스트베이커리를 나왔어.

 주리에게, 사람들이 굿맨의 죽음을 모르고 있다는 중요한 정보를 얻었지만 이걸로는 부족해. 나는 조심스럽게 주위를 살피며 여자 화장실로 숨어들었지. 생각을 정리하기엔 화장실이 최고거든. 하필이면 왜 여자 화장실이냐고? 떠도는 소문을 수집하기에는 여자 화장실이 최고니까. 나는 제일 안쪽 칸에 들어가 문을 단단히 잠갔어. 맹세컨대 절대로 밖은 내다보지 않았어. 문만 쳐다보았다고!

 곧 발걸음 소리가 들리더니 여자들이 얘기를 나누며 들어왔어.

 "굿맨 소문 들었어? 퇴직금을 싸 들고 세계 일주를 떠났대."

 "아니야, 여기에서 쫓겨난 뒤 절망에 빠져 방구석에 틀어박혀 있다던데?"

 "정말? 어쨌든 유감이야. 여기 요리사들 중 굿맨이 유일하게 사람 같았잖아! 벨리 장은 귀신 같고 김만복은 저승사자 같잖아. 호호호호."

 여자 직원들은 이를 닦고, 손을 씻고, 화장을 고치면서 수다를 떨었어. 그 수다가 내게는 귀중한 정보가 되었지.

 여자 직원들이 화장실에서 다 나간 것을 확인하고

슬금슬금 밖으로 나왔어.

"거기 남자아이, 왜 여자 화장실에서 나오지?"

뒤에서 들리는 날카로운 목소리. 머리가 쭈뼛 서는 것 같았지만 애써 마음을 가라앉히고 뒤를 돌아보았어.

처음 보는 요리사였어. 가슴의 이름표를 보니 '스노우퀸 안드레아'. 안드레아의 눈빛은 살쾡이처럼 날카로웠어. 외모로 사람을 판단할 수 없다지만 도저히 착한 사람으로 느껴지진 않았지.

"여, 여자 화장실이요? 하하, 몰랐어요. 너무 급해서 그만!"

나는 일부러 바보 같이 웃으며 머리를 굴렸어. 안드레아에게 뭔가 정보를 얻어 내야 한다고.

"저, 어디 가면 굿맨 요리사를 만날 수 있나요? 여기로 찾아오라던데?"

"굿맨은 그만뒀는데. 언제 굿맨을 만났어?"

안드레아가 미끼를 덥석 물었어.

"며칠 전이요. 이 호텔에서 불난 날."

"그때 벌써 그만뒀는데. 그 뒤로 연락도 안 되고 말이야. 어디서 굿맨을 만났지?"

"저 밑이요."

 손가락으로 대충 아무 데나 가리켰어.
 "정말이야? 도대체 어디에 있는 거야? 전화도 안 받고. 내가 자기 자리를 차지했다고 정말 화난 거야? 이러다 퓨전 요리 협회에 내 험담을 하는 거 아니야? 속 좁은 사람! 내가 밥 한번 살게, 산다고!"
 안드레아는 굿맨에게 전화를 걸었어. 아주 태연하게. 굿맨이 죽었다는 걸 정말로 모르나 봐.

평행사변형에 속하는 도형

평행사변형은 두 쌍의 변들이 서로 평행인 사각형이야. 평행사변형은 마주 보는 변의 길이가 서로 같고, 마주 보는 각의 크기도 서로 같아. 대각선은 2개인데, 한 대각선은 다른 대각선을 이등분해. 2개의 대각선의 길이는 같을 수도 있고 다를 수도 있어.

정사각형, 직사각형, 마름모도 두 쌍의 변들이 서로 평행하므로 평행사변형에 속하지.

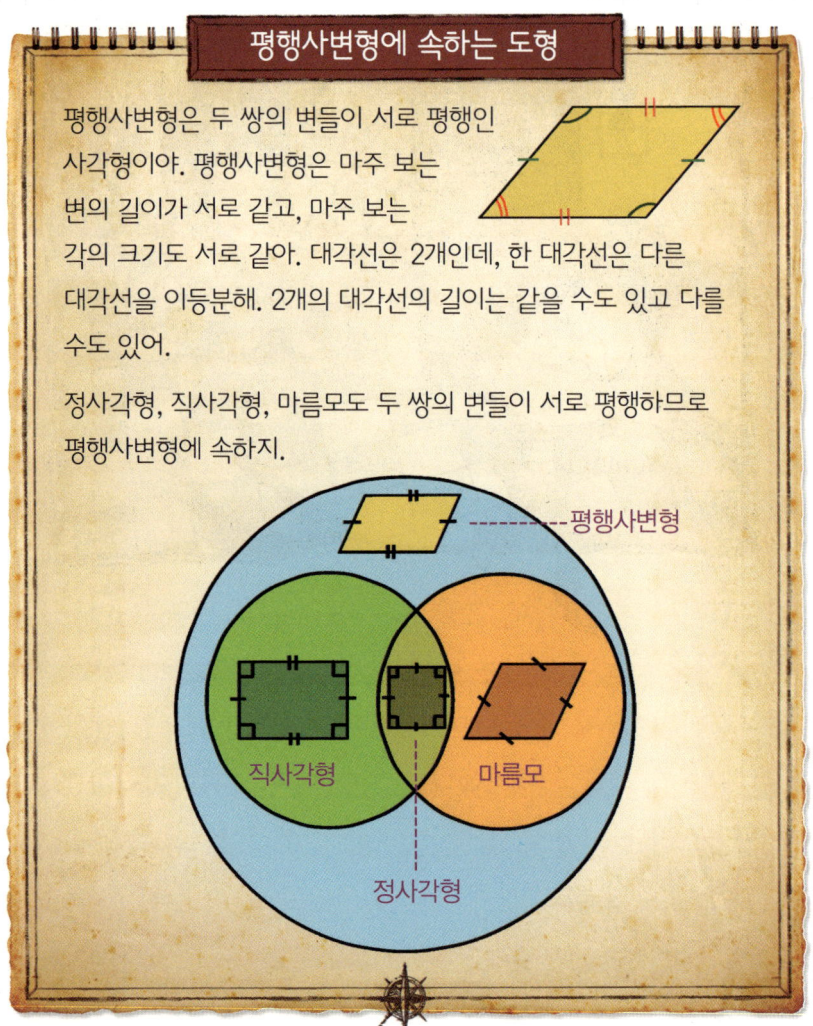

벌레로 식량 부족을 해결하라!

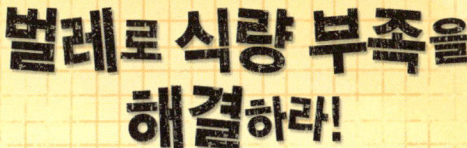

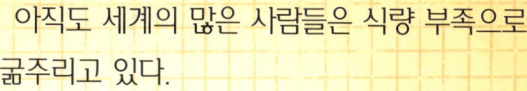

아직도 세계의 많은 사람들은 식량 부족으로 굶주리고 있다.

유엔 식량 농업 기구는 약 20억 명의 식량을 해결할 수 있는 뛰어난 식품으로 곤충을 꼽았다.

곤충은 단백질과 미네랄, 철분이 풍부한 영양 덩어리이다. 우리는 벌레 요리를 혐오스럽다고 생각하지만 전 세계의 80% 지역에서 이미 벌레를 먹고 있고, 그중에는 우리나라도 들어 있다. 우리나라 사람들이 즐겨 먹던 번데기와 옛날 술안주로 인기가 좋았던 메뚜기 튀김이다.

전 세계에서 가장 많이 먹는 벌레로는 딱정벌레 31%, 애벌레 18%, 꿀벌, 말벌, 개미 14%, 메뚜기와 귀뚜라미 13%, 나머지는 바퀴벌레 등 기타 곤충들이다. 이 곤충들이 다 마음에 들지 않는다면, 전 세계에 알려진 곤충 120만 종과 해마다 발견되는 새로운 종류 중 마음에 드는 것을 골라 먹으면 된다.

11

미스터리 회장의 암호 편지

  미스터리 호텔에서 새로운 정보를 알아 온 날 저녁, 나는 마방진 탐정 유령과 굿맨과 **탐정 회의**를 열었어. 나는 조사한 것을 발표했지. 마치 탐정단의 탐정이 된 듯한 기분이었어.

  "미스터리 호텔 직원들과 안드레아는 굿맨이 죽었다는 사실을 몰라요. 김만복과 벨라 장은 어떤지 아직 알 수 없고요."

  마방진은 천천히 고개를 끄덕였어.

  "그렇다면 굿맨의 죽음을 알고 있는 자가 바로 범인이야."

"내 말이 바로 그거예요!"

마방진과 나는 같은 결론을 냈어.

똑똑, 갑자기 노크 소리가 들렸어. 굿맨은 화들짝 놀라 침대 밑으로 숨었어.

"걱정하지 마. 우린 사람들 눈에 안 보인다고!"

경험 많은 유령인 마방진이 말했지만 겁에 질린 굿맨은 침대 밑에 꼭 숨어 나오지 않았어. 문을 두드린 건 엄마였어.

"천재야, 미스터리 호텔에서 편지가 왔다. 할인 쿠폰

같은 건가? 얼른 뜯어 봐."

엄마가 빨간 편지 봉투를 내밀었어.

"그런 거 아니에요. 얼른 나가요."

엄마를 떠밀다시피 내쫓았어.

"왜? 뭐 하는데? 요즘 너, 비밀이 너무 많아! 기억해. **엄마가 지켜보고 있다.**"

엄마가 소리쳤어.

"아무것도 아니에요. 아니라고요!"

방 안에서 밖에 있는 엄마한테 소리치듯 말하며 편지를 뜯었어.

"아무래도 천재 넌 끔찍한 요리 오디션에 나가야 하는

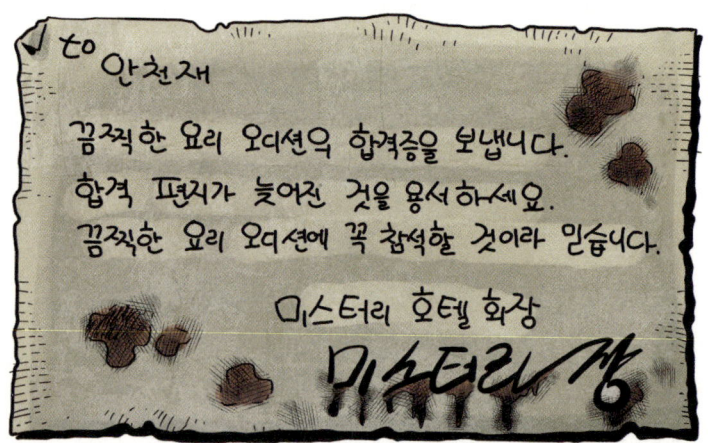

to 안천재

끔찍한 요리 오디션의 합격증을 보냅니다.
합격 편지가 늦어진 것을 용서하세요.
끔찍한 요리 오디션에 꼭 참석할 것이라 믿습니다.

미스터리 호텔 회장
미스터리 짱

운명인가 보다. 갑자기 유령이 찾아와 멘토가 되겠다며 오디션에 나가자고 하질 않나, 호텔 회장님이 직접 편지를 보내질 않나……. 이런 운명이 세상에 어디 있어? 천재야, 한번 잘해 보렴."

마방진이 키득거렸어.

하지만 난 나에게 온 편지가 미스터리 호텔 회장이 보낸 편지라는 사실에 어리둥절할 뿐이었지. 게다가 난 끔찍한 요리 오디션 예선에서 떨어진 게 분명한데 말이야. 미스터리 호텔의 회장님은 도대체 왜 날 호텔로 오라는 걸까?

내가 고개를 갸웃거리고 있는데, 굿맨이 내 손에서 편지를 홱 뺏어 갔어.

"암호!"

굿맨은 갑자기 편지지와 봉투를 앞뒤로 훑어보더니 봉투를 찢어 홀랑 뒤집었지. 그러고는 찬찬히 보는 거야. 그리고 갑자기 소리쳤어.

"여기 있다, 여기 암호가 있어! 미스터리 회장님은 종종 편지에 암호를 적어 보냈어. 이 암호를 풀면 회장님이 천재에게 오디션 예선 합격증을 보낸 의도를 이해할 수 있을 거야."

암호는 또 내 전문 아니겠어. 나는 알쏭달쏭 암호를 보자마자 **전치 암호**라는 것을 알아냈지. 연필을 들고 잠깐 생각해 보니 쉽게 풀렸어.

끔찍한 오디션에서 굿맨의 미스터리를 밝혀

"뭐야? 회장님은 굿맨이 죽은 걸 알고 있나 봐. 회장님도 범인을 찾고 있는 거야. 아니면 내가 범인을 찾아내길 기다리고 있나 봐, 아이고!"

소름이 쫙 끼쳤어. 나는 이불 속으로 쏙 들어갔어. 역시 이 일은 초등학생에겐 너무 어려운 일이었어. 이건 초등학생이 아니라 경찰이 해야 할 일이라고.

"난 그만할래요. 무서워요."

"안 돼, 천재야. 여기서 포기할 순 없어. 요리 오디션에 나가기만 하면 범인을 찾을 수 있을 텐데, 응?"

굿맨은 펄쩍 뛰며 매달렸어. 그래도 용기가 나지 않았어.

"굿맨, 그냥 회장님을 찾아가요. 회장님한테 사실대로 말하고 범인을 찾아 달라고 해요."

"난 유령이잖아. 회장님은 날 볼 수가 없어. 그리고 난, 아주 중요한 것을 찾고 있어. 너랑 저 탐정 유령에게 말은 안 했지만, 난 지금 내 몸이 어디 있는지도 모른다고!"

영혼만 유령이 되어 여기저기 떠돌고 있어. 범인을 찾아야 내 몸도 찾을 수 있지. 천재야, 내 몸을 찾게 도와줘, 응? 제발 부탁이야."

"그래, 좀 해 줘라. 그만 튕기고……."

마방진도 굿맨을 따라 부탁했어. 둘 다 너무 간절한 눈빛으로…….

나는 고개를 푹 숙이고 말았어. 굿맨과 눈이 마주치면 부탁을 들어줘야 할 것 같아서.

"날 도와주지 않으면 평생 따라다니며 괴롭힐 테다. 넌 유령한테 시달리느라 장가도 못 갈 거야. 어떤 아가씨가 유령 붙은 총각하고 결혼하겠냐?"

굿맨은 호랑이처럼 으르렁거리며 위협했어.

하지만 나, 안천재야. 유령 협박 따위는 마방진한테 하도 많이 받아 봐서 안 통한다고!

"미안해요."

뚝, 그때 내 머리 위로 물방울이 떨어졌어. 나도 모르게 위를 쳐다보았지. 굿맨의 눈에서 굵은 눈물이 뚝뚝 떨어지는 거 있지! 내가 유령 눈물에 약한 거 어떻게 알고!

"아! 쫌. 울지 마요."

으허헝 어엉. 굿맨은 아주 통곡을 하기 시작했어.

그 뒤의 일은 말 안 해도 알겠지? 눈물에 약한 남자 안천재는 결국 유령의 비밀을 풀어 주기 위해 유령이 나오는 미스터리 호텔의 끔찍한 요리 오디션에 참가한다는……. 그리고 굿맨으로부터 **지옥의 요리 훈련**을 받는다는……. 아이고!

전치 암호 풀기

회장님이 보낸 암호는 전치 암호야. 전치 암호는 문자는 그대로 사용하고 위치만 바꾸어 만든 암호야. 문자의 위치가 어떻게 바뀌었을까?

가로로 읽어 보고, 세로로 읽어 보고, 한 칸씩 떼어서 읽어 보고, 그리고 가운데를 중심으로 소용돌이처럼 돌려서도 읽어 봐. 이 암호는 맨 윗줄 첫 번째 칸부터 오른쪽으로 한 칸씩 건너뛰어 읽으면 풀 수 있어.

끔	옹	쩍	죽	한	살
오	꿈	디	선	선	명
에	뱀	서	레	굿	한
맨	전	의	송	미	줄
스	설	터	악	리	수
를	문	밝	병	혀	만

끔찍한 오디션에서 굿맨의 미스터리를 밝혀

12

드디어 시작된
끔찍한 요리 오디션!

　끔찍한 요리 오디션 날이 되었어. 나는 엄마가 아끼는 앞치마를 들고 미스터리 호텔 연회장으로 들어갔지. 발걸음도 당당하게 들어가려 했지만 너무 떨려서 슬그머니 들어갔지.
　"어, 천재야!"
　절친 지한이가 맨 먼저 나를 발견했어. 하얀 앞치마에 하얀 요리사 모자를 쓴 지한이는 진짜 요리사 같았어. 꽃무늬 앞치마를 입을 생각을 하니 조금 부끄러웠어.
　"웬일이야? 우리 응원 왔어?"
　주리도 꼬마 요리사 차림으로 팔짝팔짝 뛰어왔어.

"거기 초등학생, 그만 나가 줘. 관계자 외 출입 금지야."

밸라 장이 내게 손짓을 했어. 나는 앞치마와 함께 고이 싸 온 합격증을 꺼내 보여 줬지.

"나도 참여할 자격이 있어요."

밸라 장은 합격증을 꼼꼼하게 살펴보더니 심사 위원석에 있는 미스터리 회장님께 가지고 갔어. 미스터리 회장님과 밸라 장과 김만복은 한참을 수군거렸어.

"좋아, 너도 참가해. 근데 요리는 할 줄 아니?"

"그럼요, 멘토가 누군데요!"

꽃무늬 앞치마를 펼쳐 입으며 자신 있게 말했어.

"잘됐다. 히히."

지한이가 내 옆구리를 쿡쿡 찌르며 웃었어. 나도!

드디어 요리 오디션이 시작되었어. 먼저 재료가 공개되었지. **황소개구리, 소의 간, 삭힌 홍어!** 정말 미스터리 호텔다운 엽기 음식 재료였어. 재료를 고르는 순서는 제비뽑기로!

"으헉! 이건 10년 굶은 유령도 안 먹을 것 같은 재료야."

탐정 유령은 코를 쥐어 싼 채 음식 재료 주위를 빙빙 돌며 동동거렸어. 나는 탐정 유령을 한 번 노려봐 주고 제비를 뽑았지. 3번. 1번은 진지한, 2번은 나주리.

　지한이는 삭힌 홍어를 골랐고, 주리는 한참 고민을 하다가 소의 간을 골랐어. 남은 것은 황소개구리. 황소개구리가 식용이라는 것은 알았지만 내 평생 황소개구리를 먹을 일은 없을 줄 알았어. 당연히 요리할 일은 더더욱 없을 줄 알았지.

　나는 손가락 2개로 **황소개구리의 뒷다리**를 슬쩍 잡았어. 차갑고 물컹하면서 미끄러운 게…… 헉! 그래도 꾹 참고 들고 왔어.

　"요리 주제는 자유입니다. 무얼 만들어도 좋습니다. 가장

끔찍한 상상을 하시길 바랍니다. 이제 시작하겠습니다."

미스터리 회장님이 말했어.

주리는 마늘부터 까기 시작했어. 지한이는 면장갑을 끼더니 짧고 날카로운 칼을 들고 홍어를 잘랐어. 가운데 뼈를 도려내고, 날개, 머리를 잘라 홍어를 4조각으로 만든 거야. 보기만 해도 징그러운데 지한이는 홍어 해부라도 해 본 사람처럼 능숙했지. 하긴 지한이는 하기로 마음먹은

일은 뭐든 진지하게 최선을 다하니까.

나는 깻잎으로 황소개구리의 얼굴을 가려 놓고 고민에 빠졌어. 째깍째깍 시간이 흘렀지.

"뭘 고민하는 거야? 황소개구리를 삶으면 꼭 닭고기 맛이 나. 그러니까 내가 가르쳐 준 미친 닭고기 요리를 만들어. 요리법 기억나지? 기억 안 나도 괜찮아. 내가 여기서 가르쳐 줄게."

굿맨이 내 옆에 둥둥 떠서 조잘거렸어. 하지만 나는 황소개구리에 선뜻 손을 댈 수 없었어. 표면이 미끈거려서.

"장갑을 껴. 그럼 좀 나아."

지한이가 웃으며 말했어.

나는 장갑을 끼고 황소개구리를 높이 들어 올렸어. 도대체 이 요상한 재료로 무엇을 만들까? 굿맨 유령이 가르쳐 준 대로 요리를 하고 싶진 않았어. 이건 내 요리니까 내 스스로 해야지.

잠시 눈을 감고 생각을 집중했어. 어떻게 하면 가장 끔찍하면서도 맛있는 요리를 만들까? 음식을 보면 징그러워서 꺄악 소리를 지르지만 먹고 나면 맛있어서 꺄악 소리를 지를 수 있는 요리.

나는 마른 행주로 황소개구리 표면의 미끈한 것들을

닦은 뒤 밀가루를 아주 얇게 묻혔어. 그러고는 커다란 솥에 달군 기름에 황소개구리를 통째로 집어넣었지. 치이익,

맛있는 소리를 내며 개구리가 튀겨졌어. 개구리가 익는 동안 고춧가루에 뜨거운 기름을 부어 빨간 고추기름을 만들었어. 굿맨이 가르쳐 준 특제 소스 비법을 응용한 매운 특제 소스를 만든 거야.

"좋은 선생 밑에 좋은 제자야!"

굿맨은 내 소스를 맛보고 칭찬을 했어. 뿌듯했어.

"개구리로 뭘 만든다고 한들, 그게 요리냐? 안천재. 넌 여기 범인을 잡으러 왔으니까 대충 흉내만 내고 저 심사 위원석에 앉은 범인 후보들을 관찰해. 밸라 장과 김만복이 눈을 시퍼렇게 뜨고 있잖아!"

마방진 탐정 유령은 발을 동동 구르며 나를 들볶았어. 나도 범인을 잡아야 하는 건 아는데, 요리도 잘하고 싶다고. 일등 해서 프라하 가면 좋잖아, 뭐!

"천재는 요리해야 하니까 수사는 탐정 유령이 좀 해요. 훌륭한 탐정이라면서요!"

굿맨도 내 편을 들어 주었어. 역시 굿맨은 진정한 요리인이야!

요리를 마치고 마지막으로 커다란 접시 위에 개구리를 눕혀 놓고 소스를 올렸어. 정말 끔찍할 줄 알았는데 뭔가 부족했어. 허연 배를 드러낸 개구리가 영 마음에 들지 않았지.

"요리는 맛도 중요하지만 모양이야. 어떻게 좀 해 봐."

굿맨도 투덜거렸어.

나는 개구리를 오른쪽으로 뒤집고 반 바퀴 돌리고 또 반의 반 바퀴 돌렸어. 드디어 개구리의 모양과 위치를 내 마음에 딱 들게 놓았어.

드디어 심사 시간. 나는 개구리 요리를 커다랗고 둥근 뚜껑으로 덮어 심사 위원 앞에 놓인 탁자에 올렸어. 먼저 주리가 뚜껑을 열고 요리를 설명했지.

"저는 해골 장식을 한 소간 스테이크를 만들었어요. 보기엔 섬뜩하지만 맛은 아주 부드러워요."

"저는 홍어프랑켄슈타인을 만들었어요. 모양도, 맛도, 냄새도, 3년을 씻지 않은 프랑켄슈타인의 느낌을 줄 것입니다."

마지막으로 내가 요리 뚜껑을 열었어.

"이 요리의 제목은 '황소개구리는 살아 있을까?' 입니다. 황소개구리의

초록색이 잘 살아 있도록 튀겨 초록색과 대비되는 빨간 소스를 뿌렸습니다. 맛도 담백한 맛과 매운 맛이 대비됩니다. 황소개구리가 튀어나올 것 같아 깜짝 놀랐다가 먹어 보고 맛있어서 또 한 번 깜짝 놀라는 대비! 제 요리의 주제입니다."

"맛과 색의 대비라, 굿맨이 좋아하는 건데……."

안드레아가 중얼거렸어. 나는 그 틈을 놓치지 않고 말했지.

"당연하지요. 제 멘토가 굿맨이니까요."

순간 벨라 장과 김만복의 얼굴을 재빨리 살폈어. 벨라 장은 얼굴이 하얗다 못해 파리하게 질렸지. 김만복은 붉으락푸르락, 땀을 뻘뻘 흘렸어. 둘 다 너무 수상했지. 둘 중 누구일까? 설마 둘 다?

개구리 모양 잡기

처음 접시에 놓은 개구리가 완성 요리 모양으로 변하려면 어떻게 해야 할까? 뒤집고 돌려서 모양을 잡아 봐.

❶ 개구리를 오른쪽으로 뒤집는다.

❷ 반 바퀴(180°) 돌린다.

❸ 반의 반 바퀴(90°) 돌린다.

한 바퀴는 360°이므로 반 바퀴는 360°÷2=180°, 반의 반 바퀴는 180°÷2=90°야.

13
무섭고도 황당한 밀대의 비밀

  심사 위원들은 우리 요리를 하나씩 맛보았어. 우리는 잔뜩 굳은 표정으로 심사 위원들을 쳐다보았지. 주리와 지한이는 심사 결과가 궁금해서 긴장했고, 나는 범인이 내가 만든 요리를 맛본다는 생각에 더 얼어붙었지.
  심사 위원들의 표정도 가지각색이었어. 벨라 장은 파리한 얼굴로 덜덜 떨고 있었고, 김만복은 잔뜩 화가 나 있었어. 안드레아는 아무 생각 없어 보였고, 회장님은 도대체 무슨 생각을 하는지 알 수가 없었어. 회장님은 내게 아는 척도 안 했어. 나한테 편지를 보내 이리 오라고 했으면서! 회장님이 바라는 것은 도대체 뭘까?

　벨라 장은 우리 요리를 맛보지도 않고 벌떡 일어났어.
　"음, 됐어요. 우리 10분만 쉬었다 다음 요리 시작하지요. 전 잠깐 화장실 좀······."
　벨라 장은 밖으로 나갔어.
　"아! 쉬 마려."
　나도 벨라 장을 쫓아 나갔어.
　"10분 뒤 시작이래. 빨리 와!"
　지한이가 소리쳤어. 역시 날 걱정해 주는 건 절친 진지한뿐이지.
　나는 살금살금 벨라 장 뒤를 쫓아갔어. 굿맨도 내 뒤를 따라왔어. 마방진은 김만복을 감시하기 위해 오디션장에 남았고.
　벨라 장은 화장실을 슥 지나쳤어. 역시 화장실에 가려고 나간 건 아니었어. 혹시 달아나려는 걸까? 하지만 벨라 장은 고스트베이커리 조리실로 쏙 들어갔어. 나와 굿맨은 조리실 문에 달린 둥근 유리창으로 조리실 안을 들여다보았지.
　벨라 장은 두리번거리며 경계하더니 싱크대 아래에서 커다란 몽둥이 같은 걸 꺼냈어. 자세히 보니 밀가루 반죽을 얇게 미는 **나무 밀대**였어. 말이 밀대지, 벨라 장의 밀대는

엄청 크고 무거워서 몽둥이나 다름없었어. 실수라도 그걸로 맞으면!

"저 몽둥이 같은 밀대로 뭘 하려는 거지?"

굿맨에게 물었어. 굿맨은 유리창에 이마를 딱 붙이고 뚫어져라 밀대를 쳐다보았어. 나는 굿맨에게 말했어.

"가서 직접 보고 와. 넌 유령이잖아. 이 문을 뚫고 지나갈 수도 있고, 벨라 장의 눈에도 보이지 않아."

굿맨은 슈웅 조리실 안으로 들어갔다가 부들부들 떨며 나왔어.

"저 밀대, 기억나. 내가 죽기 바로 전에 봤어."

역시 벨라 장은 정말 무서운 여자인가 봐. 그런데 지금 무엇을 하려는 거지?

벨라 장은 조리대 위에 붙은 나무 도마 위로 몸을 숙였어. 그러고는 긴 머리를 늘어뜨린 채 날카롭고 빨간 손톱으로 도마를 두드리며 중얼거렸어.

"생각을 좀 해 보자. 집중! 집중!"

"뭐 하는 거지? 꼭 마녀가 주문을 외는 것 같잖아?"

나도 모르게 어깨를 부르르 떨었어.

"아니야. 네모를 세고 있을 거야."

"뭐? 네모? 무슨 네모? 지금 네모를 왜 세?"

어이가 없었지. 무시무시한 밀대를 들고 왜 도마 위의 네모를 세고 있느냐고!

"벨라는 지금 생각을 정리하는 거야. 벨라는 생각이 정리가 안 될 때 도마에 새긴 그림에서 정사각형을 세며 생각을 정리하거든. 내 도마에도 그림을 새겨 줘서 머리가

복잡할 때면 나도 가끔 정사각형을 셌지. 이런 그림이야."

나도 정사각형이 몇 개인지 세어 보았어. 7개까지 셌을 때 조리실 안에서 쿵쿵거리는 소리가 났어. 들여다보니 벨라 장이 싱크대와 선반의 문을 열었다 닫았다 했어. 조리실 싱크대와 선반에는 온통 위험한 물건뿐이었어. 뾰족한 칼, 날카로운 꼬챙이, 묵직한 냄비와 프라이팬, 뭐든지 갈아 버릴 믹서…….

벨라 장은 밀대를 숨길 곳을 찾고 있었어. 그러더니 의자를 가져와 가장 높은 선반에 밀대를 올렸어. 밑에서 보면 절대로 보이지 않게 말이야.

그런데 벨라 장이 밀대를 높이 들어 올리는 순간 우리는

결정적인 증거를 보고야 말았지. 밀대 끝 부분에 묻은 검붉은 얼룩, 그건 피가 틀림없었어.

나는 문을 벌컥 열고 들어갔어.

"벨라 장, 지금 뭐 하는 거죠?"

벨라 장은 깜짝 놀라 의자에서 떨어지고 말았어. 그 바람에 벨라 장의 머리 위로 밀대가 쿵 떨어졌어! 벨라 장은 조리실 바닥에 쓰러져 움직이지 않았어.

덜컥 겁이 났어. 벨라 장의 다리를 살짝 흔들었어.

"벨라, 일어나 봐요. 벨라, 벨라."

나는 울상이 되어 굿맨을 쳐다보았어. 굿맨도 이리 둥실

저리 둥실 날아다니며 어쩔 줄 몰라 했어.

"맞다! 119에 신고해야지. 그런데 굿맨, 119 전화번호가 뭐죠?"

"몰라. 나도 몰라. 119 전화번호를 내가 어떻게 알아?"

"아, 그럼 어떻게 해요? 굿맨은 어른이잖아요. 이럴 땐 어떻게 하는 거예요?"

애꿎은 굿맨에게 소리를 질렀어.

"아! 물! 물을 뿌려 보자."

굿맨은 물을 한 바가지 들고 와 벨라 장의 얼굴에 쫙 뿌렸어. 우리는 숨을 죽인 채 벨라 장의 얼굴을 쳐다보았어.

"아, 차가워."

벨라 장은 곧 정신을 차렸어. 죽은 건 아니었나 봐.

몇 분 뒤 벨라 장은 자신의 비밀 이야기를 털어놓았어.

"그날 저녁 베이커리 직원들이 퇴근한 뒤, 굿맨을 찾아 스노우퀸 조리실에 갔었어. 굿맨에게 빌려줬던 이 밀대를 돌려받으려고. 몇 번이나 돌려 달라고 했었는데, 그때마다 굿맨이 깜빡했다는 둥 금방 갖다 주겠다는 둥 핑계만 대서 직접 찾으러 간 거지. 그런데 조리실은 텅 비어 있고 굿맨이 바닥에 쓰러져 있는 거야. 옆에 이 밀대가 떨어져

있었고. 이 밀대 때문에 죽은 것 같았어.

 덜컥 겁이 났어. 죽은 굿맨을 맨 처음 발견한 사람도 나, 굿맨을 죽게 만든 밀대의 주인도 나. 게다가 난 차갑고 못된 여자로 소문이 나서 내가 죽이지 않았다고 말해도 아무도 안 믿을걸. 나는 우선 밀대를 우리 베이커리의 조리실로 가져가 숨겼어. 신고를 하러 다시 돌아와 보니 굿맨이 없어졌어. 그래서 그냥 모른 척한 거야.

 미안해. 그땐 너무 당황해서 그랬어. 굿맨이 죽었는지, 아니면 어디로 사라졌는지도 모른 채 며칠을 보내면서 너무 괴로웠어. 진실을 털어놓으니 차라리 지금은 마음이 편하다."

 벨라 장은 두 손으로 얼굴을 감쌌어.

 "정말이죠? 좋아요. 그날 뭐 의심 가는 다른 일은 없었어요?"

 벨라 장은 잠깐 생각에 잠겼어. 그때를 떠올리는 듯 어깨를 으스스 떨었지.

 "그건 잘 모르겠고 내가 스노우퀸 조리실로 되돌아갔을 때, 문 소리를 들었어. 스노우퀸 조리실은 네꼬오카이 조리실과 통하는 문이 있는데, 그 문소리 같기도 했어."

 "역시 김만복?"

"혹시 김만복?"

나와 굿맨은 동시에 소리쳤어. 우리는 쌩쌩 달려 오디션이 열리는 연회장으로 돌아갔어.

정사각형은 모두 몇 개일까?

정사각형은 네 각이 모두 직각이고 네 변의 길이가 모두 같은 사각형이야. 이 그림에는 여러 크기의 정사각형이 들어 있어.

작은 정사각형 5개,

중간 정사각형 5개,

큰 정사각형 1개.

맨 위에 있는 도형의 정사각형은 모두 11개야.

미스터리 수학

불행한 요리사, 프랑수아 바텔

1661년 프랑스의 아름다운 샹티이 성에서 태양왕 루이 14세를 위해 3일 동안 연회가 열렸다. 성의 요리사 프랑수아 바텔은 까다로운 황제의 눈과 입을 사로잡기 위해 화려한 볼거리와 최고의 요리를 준비했다.

그런데 연회 첫날, 갑작스레 많은 손님이 들이닥치는 바람에 2개의 테이블에 바비큐 요리가 부족했다. 바텔은 자신의 실수를 몹시 괴로워하며 다음 연회를 준비했다.

다행히 다른 문제는 없는 듯했는데, 마지막 날 저녁에 심각한 일이 생기고 말았다. 저녁 식사를 위해 주문했던 신선한 생선이 배달되지 않은 것이다. 안절부절 못하며 생선을 기다리던 바텔은 동료에게 말했다.

"연회를 망쳤어. 내 명예는 땅에 떨어졌어. 나는 더 이상 살 수 없을 것 같아."

바텔은 스스로 목숨을 끊었다. 그런데 바텔이 죽고 얼마 뒤 생선이 배달되었다.

14

굿맨의 비밀 노트를 훔친 사람은?

연회장에 돌아가 보니 김만복은 벌써 사라지고 없었어. 김만복을 지키던 마방진 탐정 유령도 보이지 않았지.

"김만복, 어디 간 거야? 큰일 난 줄 알고 도망간 거야?"

"안천재야! 큰일 난 건 너야. 넌 탈락했거든. 두 번째 요리가 벌써 시작되었으니까!"

안드레아가 두 손을 내 어깨에 턱 얹으며 안타깝다는 듯이 말했어. 그러고 보니 주리와 지한이는 두 번째 요리를 시작했어. 자기가 준비해 온 재료로 만드는 자유 요리. 나도 아주 특별한 재료를 준비해 왔는데 벨라 장을 쫓아다니느라 시작도 못했어. 결국 내 프라하는 이렇게

날아가는구나!

"지금 프라하가 문제야? 범인이 사라졌다고! 프라하는 내가 가 봐서 아는데, 엄청 멋있지만 텔레비전에 자주 나오니까 안 가도 돼."

굿맨의 말은 위로인지 놀림인지 헷갈렸지만 기왕 날아가 버린 프라하는 잊고 범인이나 찾아야지.

'마방진! 탐정 유령님! 어디 있어요?'

나는 마음속으로 마방진 탐정 유령을 힘껏 불렀어.

'천재야, 빨리 와. 나 지금 주차장에 있어. 김만복이 달아나려 해. 내가 유령 에너지를 다 동원해서 겨우 붙들고 있는데 언제까지 붙잡을 수 있을지 모르겠어. 힘이 점점 빠지고 있거든. 여긴 건물 뒤 직원 주차장이야. 빨리, 빨리 와야 해!'

마방진의 목소리가 들려왔어. 몹시 다급한 목소리였어. 나는 서둘러 연회장을 나서려다 말고 회장님을 돌아보며

소리쳤지.

"미스터리 회장님, 빨리 오세요. 범인을 잡으러 가요. 주리, 지한. 너희는 요리 잘하고 있어. 이따 보자, 응?"

어리둥절해하는 주리와 지한이를 두고 마방진이 말해 준대로 건물 뒤 주차장을 향해 뛰었어.

내가 주차장에 도착했을 때, 김만복은 차에 시동을 걸고 있었어. 하지만 차는 꼼짝도 하지 않았지. 마방진이 두툼한 손으로 차 뒤쪽을 꽉 붙들고 있었거든.

"김만복! 다 끝났어요. 이제 그만 포기하시죠."
나는 김만복의 차 앞을 가로막았어. 김만복은 울상을 하고 나를 쳐다보았어.
그 순간 부릉 시동이 걸렸어. 나는 깜짝 놀라서 차

옆으로 물러났지.

"아, 힘이 다 빠져서 그만. 헤헤. 그러니까 천재야, 출발하려는 차의 앞에 그렇게 서면 위험해. 알았냐?"

마방진은 그냥 미안하다고 하면 될 걸, 엉뚱한 소리는!

나는 김만복이 타고 있는 차 옆으로 다가가 벌컥 문을 열었어. 김만복은 멈칫하더니 갑자기 조수석 앞 서랍을 벌컥 열었어.

"꼼짝 말아요. 뭘 꺼내려는 거죠?"

김만복이 **후추스프레이**라도 꺼내 쏠까 봐 겁을 먹었어. 하지만 김만복은 두툼한 노트를 꺼냈어.

"이, 이거."

김만복은 공책을 들고 밖으로 나왔어.

"아니 그건 굿맨의 **요리법 비밀 노트**가 아닌가!"

미스터리 회장님은 단번에 알아보았어.

"내 요리법을 왜 김 부장님이 가지고 있는 거야?"

굿맨은 김만복의 손에서 비밀 노트를 뺏으려 했어. 노트는 바닥으로 툭 떨어졌어. 나는 굿맨 대신 얼른 노트를 주웠어.

"이 모든 게 다 굿맨의 요리법 비밀 노트 때문이야, 으흐흐흑."

김만복은 주차장 바닥에 털썩 주저앉아 울음을 터트렸어.

"으흐흐, 굿맨으흐 진짜 요리이엉……. 저어엉……."

김만복이 울면서 하는 말은 도무지 알아들을 수가 없었어.

햇빛은 쨍쨍 주차장을 달구었어. 나는 이마에 땀을 뻘뻘 흘리며 김만복의 울음이 그치기를 기다렸지. 하지만 울음소리는 점점 더 커지기만 했어. 나는 머리 꼭대기가 너무 뜨거워서 쓰러질 것 같은데 말이야.

"여기서 이러지 말고 스노우퀸의 조리실로 갑시다. 모든 일은 거기서 시작된 모양이니……."

미스터리 회장님의 말에 따라 우리는 한 줄로 서서 스노우퀸 조리실로 걸어갔어. 맨 앞에는 미스터리 회장님, 다음은 마방진, 김만복, 나, 굿맨. 물론 사람들에게 탐정 유령은 안 보이고 회장님과 김만복과 나, 세 사람만 보이겠지만.

스노우퀸 조리실은 엉망이었어. 냄비랑 프라이팬이 바닥에 나뒹굴고 있고, 바닥은 기름이 흘러 미끌미끌했지.

"오! 내 조리실을 왜 이렇게 만든 거야? 내 소중한 조리실! 내 영혼이 깃든 곳."

굿맨은 방방 뛰었어.

나는 회장님께 물었지.

"어떻게 된 일이에요?"

"범인을 찾을 때까지 현장을 보존해 둔 거야. 그동안 안드레아는 임시 조리실을 썼지."

역시! 미스터리 회장님이야!

나는 김만복을 향해 소리쳤어.

"김만복! 이제 당신의 범죄 행각을 밝혀 보세요."

울어서 코가 빨개진 김만복이 쭈뼛쭈뼛 앞으로 나왔어.

"굿맨 녀석은 재료, 요리법, 새로운 향신료 등 새로운 것을 발견할 때마다 이 비밀 노트에 정리해 두고는 했어. 이 비밀 노트만 있으면 천재 요리사 굿맨의 요리 비법을 모두 알 수 있었지. 난 늘 굿맨의 요리 비법이 궁금했어. 어떻게 그런 요리를 하는지 말이야.

그런데 굿맨은 가끔 벨라에게 자신의 비밀 노트를 빌려줬어.

'굿맨, 네 노트 좀 줘 봐. 시시하겠지만 심심하니까 한번 봐 주지.'

벨라는 늘 건방지게 말했어. 그래도 굿맨은 아무 소리 않고 노트를 빌려주더라고. 벨라는 고맙다는 말도 한 번도

안 했을걸!

  언젠가 나도 자존심을 굽히고 굿맨에게 비법 노트를 빌려 달라고 부탁했었어. 새로운 메뉴가 도저히 생각나지 않아서 굿맨의 퓨전 요리법을 참고할 생각으로 말이야. 그런데 굿맨은 딱 잘라 거절했어. 너무 화가 난 내가 굿맨에게 물었지.

  '이봐, 굿맨! 왜 벨라에겐 노트를 빌려주고 내겐 안 빌려주지?'

  굿맨은 이렇게 대답하더군.

  '벨라와 나는 특별한 인연이 있어요. 우리는 나이는 다르지만 태어난 시, 분, 초가 똑같아요. 세계 인구가 몇 명이나 모여야 벨라와 나 같은 기막힌 인연이 생기는 줄 알아요?'

  내가 그런 걸 어떻게 알아? 난 요리사지 수학자가 아니라고! 굿맨의 그런 이상한 소리를 듣고는 기분이 너무 나빴지. 자존심은 자존심대로 구기고 굿맨의 요리법도 못

보고, 약 올라 혼났어. 굿맨이 미웠지."

"그래서 굿맨을 죽였나요?"

나는 굿맨을 대신하여 물었어.

김만복은 펄쩍 뛰었지.

"아니야. 절대 안 그랬어. 너희가 나를 어떻게 봤을지 몰라도 나는 휴머니스트야. 인간을 엄청 사랑한다고. 요리를 하기 위해서 참치라면 얼마든지 잡을 수 있지만, 독이 잔뜩 오른 복어도 단칼에 잡을 수 있지만 사람은 털끝도 못 건드려. 안 건드려. 내가 미쳤어? 난 그런 사람이 아니라고! 그날 스노우퀸 조리실에 쓰러져 있는 굿맨을 보긴 했지만……. 절대로 내가 굿맨을 죽인 게 아니야.

스노우퀸 조리실에 간 건 순전히 우연이었어. 우리 조리실 막내가 문 앞에 커다란 참치를 놔두는 바람에 나가는 문이 막혔거든.

점심시간 내내 화장실을 참은 탓에 너무 급해서, 하는 수 없이 스노우퀸 조리실을 통해 나가려고 했어. 우리 조리실과 스노우퀸 조리실 사이에는 평소에는 거의 이용하지 않은 작은 문이 있었거든.

그런데 스노우퀸 조리실에 들어서자마자 쓰러진 굿맨이

173

　보였어. 깜짝 놀라 흔들어 봤는데 깨어나지 않았어. 119에 신고하려고 막 전화기를 꺼냈는데, 굿맨 옆에 이 요리법 비밀 노트가 떨어져있는 게 아니겠어?
　그때 나쁜 생각이 들었어. 그래서는 안 되는 거였는데. 나도 모르게 굿맨의 요리법 비밀 노트를 들고 우리 조리실로 돌아가서 몰래 숨겼어. 다시 돌아와서 119에 신고하려고 했는데, 이 문을 열자마자 밖에서 들어오는 소리가 들리더라고.
　난 평소에 굿맨한테 맨날 으르렁거렸잖아. 그래서

사람들에게 범인으로 의심받을까 봐 그냥 달아나 버렸어. 미안해. 굿맨의 비밀 노트를 훔친 것도, 달아난 것도 다 미안해."

매초마다 사람이 태어난다면 하루에 모두 몇 명이 태어날까?

하루는 24시간, 1시간은 60분, 1분은 60초야. 그러니까 하루 24시간을 초로 바꾸어 보면 86400초야.

$$24(시간) \times 60(분) \times 60(초) = 86400(초)$$

매 초마다 한 명씩 태어난다면, 하루 동안 태어난 사람은 86400명이지. 이 86400명은 초 단위로 재었을 때 태어난 시각이 각각 달라. 그러니까 86400명보다 더 많은 사람이 모이면, 그중 생년월일은 달라도 태어난 시, 분, 초가 겹치는 사람이 꼭 있게 되어 있어. 굿맨과 벨라 장처럼 말이야.

15

되살아난 그날의 기억

"벨라 장도 아니고, 김만복도 아니면 도대체 범인이 누구야?" 마방진 탐정 유령은 팔짱을 끼고 고개를 갸웃거렸어. 굿맨도 고개를 갸웃거리며 둥둥 떠다녔어.

"내 몸은 어디 있는 거야? 도무지 생각이 안 나네."

유령 둘이 떠드는 사이 미스터리 회장님과 김만복, 벨라 장, 그리고 나, 우리 인간들은 입을 꾹 다물고 있었어.

내 머릿속은 아주 복잡했어. 의심했던 사람들은 범인이 아닌 것 같으니 새로 의심해야할 사람은? 굿맨의 몸을 숨긴 사람? 그게 누구지? 내 궁금증은 바로 풀렸어.

"사실은 말일세."

미스터리 회장님이 입을 열었어.

"**굿맨의 시신은 내가 치웠다네.** 그날 고스트 베이커리에 갔다가 스노우퀸 쪽에서 오는 벨라를 봤는데 귀신에 홀린 것 같았어. 내가 부르는 것도 모르고 막 달려가더군. 무슨 일이 생긴 것 같아 스노우퀸에 가 보았더니 굿맨의 시신이 있더군. 너무 당황해서 일단 굿맨의 시신을 치웠다네.

혹시라도 벨라가 무슨 일을 저질렀을까 봐……. 내 딸을 못 믿는 건 아니야. 하지만 벨라는 요리에 미쳐 있어서 가끔 현실 감각이 떨어지거든.

현장을 수습한 뒤, 나는 CCTV를 돌려 보았네. 하필이면 CCTV에 찍히지 않는 사각지대에서 사건이 일어났어. 굿맨의 비명과 냄비와 그릇이 떨어지는 소리만 녹음되고 다른 목소리는 없었어. 다행히 벨라의 흔적도 없었고.

난 이 사건을 몰래 조사하고 있었는데, 마침 천재 네가 이 사건을 조사하는 것을 알고 널 여기 부른 거란다."

　회장님의 말이 끝나자 우리는 조용히 서로를 둘러보았어.
　"요리 오디션이 끝날 시간이에요. 일단 돌아가야겠어요."
　벨라 장이 시계를 보며 말했어. 회장님과 김만복, 벨라 장은 오디션이 열리는 연회장으로 돌아갔어.
　나는 두 유령과 함께 스노우퀸 조리실에 그냥 남았지. 마방진은 계속해서 투덜댔어.

"아유 참, 굿맨 네가 기억을 떠올리면 간단한 걸! 어쩌다 기억을 잃어버려서 여러 사람과 이 훌륭하고 바쁜 유령님을 귀찮게 하냐? 천재도 노력할 만큼 했으니까, 이제 그만하고 유령 세계로 가자. 굿맨은 유령 세계로, 천재는 프라하……는 못 가더라도 수영장이라도 다니며

놀게 하자고."

 굿맨은 스노우퀸 조리실 안을 날아다니며 기억을 되살리려고 애를 썼지.

 "뭔가 기억이 날 것 같아. 누가 좀 도와줘. 기억이 가물가물하면서 똥꼬가 간질간질하고, 미간이 어질어질하다고!"

 하는 수 없이 내가 굿맨의 두뇌 운동을 시켜 주기로 했어. 머리를 막 쓰게 하는 게 두뇌 운동 맞지? 나는 조리실의 싱크대와 선반, 서랍을 둘러보았어. 딱 어울리는 문제가 생각났지.

 "굿맨, 서랍에 양말이 20켤레 있어요. 10켤레는 똑같은 노란색, 10켤레는 똑같은 파란색이에요. 눈을 감고 양말을 꺼낸다면, 짝 맞는 양말 1켤레를 꺼내기 위해 최소한 양말을 몇 개 꺼내 봐야 할까요?"

 "뭐, 뭐라고? 서랍이 뭐가 어떻다고? 여기 서랍이 많긴 한데……."

 굿맨은 머리를 쓰는 대신 서랍을 열어 직접 보여 주려고 했어. 그런데 굿맨이 서랍을 열자마자 꾹 눌러 놓았던 물건들이 막 튀어나오지 뭐야!

 "아이고, 이게 서랍이야? 쓰레기들을 꾹꾹 눌러 담아

났군."

탐정 유령이 혀를 찼어.

"헤헤, 내가 정리를 좀 안 하지. 위에서 뭐 꺼내다 와르르 쏟아진 게 한두 번이 아니야. 지난번에도 저 위 찬장에서."

굿맨은 갑자기 말을 멈췄어. 그러더니 온몸을 부르르 떨었어.

"저 위 찬장에서……."

굿맨이 천장에 매달린 열린 찬장을 가리켰어. 문은 활짝 열리고 안은 텅 빈 찬장.

"아……, 이제 모든 게 기억났어."

굿맨이 조용히 고개를 떨궜어.

"누구야?"

"누가 그랬어?"

마방진과 나는 동시에 물었어. 굿맨은 집게손가락으로 자신의 가슴을 가리켰어.

"나."

뭐라고? 나? 그럼 굿맨이 굿맨을?

"벨라에게 빌린 밀대를 저 위에 올려놓았나 봐. 무거운 걸 위에 올려놓으면 안 되는데 놓을 데가 없었어. 다른 데는 꽉 차 있어서.

그날 새로운 라자냐 요리를 하려고 밀대를 꺼내려는데, 와르르 물건이 쏟아지면서 밀대가 떨어졌어. 밀대에 머리를 맞고 넘어지면서 조리대 위에 놓인 올리브기름 병을 손으로 친 것 같아. 기름병이 깨지면서 대리석 바닥으로 미끄러지고, 나는 넘어지며 대리석 바닥에 머리를 부딪쳤어. 설상가상 밀대까지 내 머리 위로 떨어졌지. 굉장히 아팠던 것 같아.

이 사건에 범인 같은 건 없었어. 정리를 안 하고 모든 걸 쑤셔 박아 놓은 내 잘못이야. 나는 스스로 나를 유령으로 만든 거야. 어이가 없다, 참."

굿맨은 가늘게 한숨을 쉬었어. 두려움을 무릅쓰고

범인을 찾아다녔는데, 알고 보니 피해자이자 범인이 바로 내 옆에 있었다니! 다리에 힘이 쭉 빠졌어. 굿맨은 나를 쳐다보며 미안한 듯 말했어.

"그래도 다행이지? 누군가 나를 미워해서 나쁜 일을 벌였다면 얼마나 슬프겠냐!"

굿맨이 웃었어. 웃을 일은 아닌 것 같은데.

"좋아. 사건은 깨끗하게 해결된 거지? 그럼 어서 유령 세계로 올라가자. 난 어서 가정으로 돌아가고 싶어. 사랑하는 내 부인, 마이 달링 계순 씨가 보고 싶어서 못 참겠어."

마방진 탐정 유령은 굿맨의 손을 잡아끌었어. 하지만 굿맨은 탐정 유령의 손을 뿌리치려고 했어.

"탐정 유령, 잠깐만! 잠깐만 기다려 봐. 뭔가 아쉬운데 조금만 더 있으면 안 돼? 끔찍한 요리 오디션 결과라도 좀 보고 갈게."

"유령 세계에서도 볼 수 있어. 어서 올라가자. 어서."

탐정 유령은 굿맨을 꼭 붙들고는 놓아주지 않았어. 이제 두 유령은 유령 세계로 뿅 떠날 거야.

"천재야, 뒷일을 잘 부탁해! 그리고 벨라와 회장님, 김 부장님에게 내 안부도 좀 전해 주고. 모두를 사랑했다고

말해 줘. 안드레아에겐 의심해서 미안하다고 전해 줘."
 굿맨은 탐정 유령에게 잡혀 날아가면서 인사했어.
 "알았어요. 걱정하지 말고 유령 세계에 가서 잘 살아요."
 나는 굿맨이 섭섭하지 않게 충분히 손을 흔들어 준 다음 끔찍한 오디션이 열리는 연회장으로 걸어갔어.
 사건은 해결되었고, 유령들은 떠났고, 나는 평범한 초등학생으로 돌아왔지. 이제 오디션의 결과나 구경하고 남은 방학 동안 알차게 놀면 되지.
 근데 왜 마음이 뻥 뚫린 것 같냐? 날씨는 이렇게 더운데 마음속에 왜 찬바람이 휭하고 부는 거냐?

서랍에서 양말 찾기

서랍 속에는 2종류의 양말이 각각 10켤레씩 있어.
눈을 감고 한 짝씩 2번 꺼내면 다음의 4가지 경우가 나오지.

㉠, ㉡과 같이 2번만으로 같은 색깔의 양말을 꺼냈다면 그냥 신으면 돼. 하지만 ㉢, ㉣처럼 노란색, 파란색 각각 다른 짝을 꺼냈다면? 한 번 더 꺼내 봐야겠지? 이때 새로 꺼낸 양말은 반드시 파란색 아니면 노란 색이야.

세 번째 꺼낸 양말이 파란색이든 노란색이든 우리는 같은 색깔의 양말 1켤레를 얻을 수 있지.

서랍 속에 두 종류의 양말이 있기 때문에 2보다 더 큰 수만큼 양말을 꺼내면, 반드시 같은 색의 양말 켤레(두 짝)을 꺼낼 수 있거든. 그러므로 눈을 감고 짝 맞는 양말 1켤레를 꺼내기 위해서는 최소한 양말을 3번 꺼내면 돼.

에필로그

도전! 꿈틀꿈틀 지렁이 요리

"손님, **지렁이 국수**입니다."
 요리사가 지렁이 국수를 덜어 주었어. 길고 굵은 흑색 지렁이가 꿈틀거렸지. 보기만 해도 토할 것 같은데, 어찌된 영문이지 나는 웃으면서 숟가락을 들었어. 마음은 절대 안 먹고 싶은데, 손가락과 입이 저절로 움직이며 먹고 있는 거야. 다 먹고 내 입술은 이렇게 말했지.
 "한 그릇 더 주세요!"

으웩! 지렁이 국수를 먹다니! 안 돼! 눈을 번쩍 떴어.

꿈이었을까? 쩝쩝 입맛을 다셔 봤어. 어금니 사이에 뭔가 낀 것 같았지. 아아악!

"천재야, 내가 보여?"

둥실둥실 마방진 탐정 유령이 나타났어. 나는 얼굴을 잔뜩 일그러뜨린 채 고개를 끄덕였어.

"눈을 감아 봐. 뭐가 보이니?"

요리하는 남자. 곱슬머리에 흰 조리복이 잘 어울려. 하얀 미소, 미소가 점점 번지면서 세상이 하얗게 변하고 있어.

일요일이라 늦잠 자려고 했는데 배가 너무 아파서 깼어. 화장실에서 괴로워하다 주리 생각을 했어. 주리는 끔찍한 요리 오디션에서 1등을 했어. 지한이는 2등, 나는 꼴찌. 나는 중간에 밖에 나가는 바람에 탈락했거든. 정말 이상한 일은 내가 왜 중간에 나갔는지 기억이 안 난다는 거야.

어쨌든 주리는 좋겠다. 해골 성당이 있다는 체코 프라하에도 가고. 한숨이 나왔어.

"아이고, 우리 아들. 배 아파? 마음보를 곱게 써야지."

쳇! 주리 때문이 아니에요. 지렁이 때문이라고요.

나는 아픈 배를 부여잡고 부엌으로 달려갔어.

오디션에서 하려던 두 번째 요리가 바로 지렁이 요리였거든. 재료는 미스터리 호텔 주위에서 내가 직접 잡은 지렁이들. 낚시 가게에서 미끼용 지렁이를 살 수도 있지만 미스터리 호텔의 끔찍한 요리라면 직접 잡아 줘야지. 흐흐흐.

　나는 엄마 몰래 지렁이를 종종종 썰어서 고추기름에 살짝 볶았어. 당면은 투명하게 삶아 잘게 썰어 두고, 부추, 버섯, 마늘 등 채소도 다졌어. 채소와 지렁이는 생강즙에 버무린 다음 조물조물

양념해서 돼지 창자 속에 빵빵하게 채웠지. 양쪽을 실로 꽉 묶은 다음 찜통에서 찌면 탐스러운 순대 요리!

　김이 모락모락 나는 순대를 보니 나도 이제 요리사가 다 되었구나 싶었어.

　"엄마, 선물."

　엄마는 환하게 웃었어. 우리 엄마가 제일 좋아하는 음식이 순대거든.

　"엄마 입맛에 맞춰 매콤하게 만들었어요."

　"이제야 널 낳은 보람이 있구나."

　엄마는 다이어트 중인 사실도 잊어버리고 내가 만든 순대를 다 먹어 치웠어.

　"뭘 넣어서 이렇게 맛있는 거냐?"

　"별거 없어요. 재료가 좀 남아서 싱크대에 올려놨으니 직접 확인해 보세요."

　5, 4, 3, 2, 1.

　"으악! 안천재."

　엄마의 비명이 집 안에 쩌렁쩌렁 울렸어. 하지만 난 엄마가 쫓아오기 전에 재빨리 달아났지롱. 지한이네 집에 가서 떡볶이나 만들어 먹고 와야겠다. 하하하.

　문득 하늘을 쳐다보았어. 나, 왜 이렇게 행복하지?

 난 그저 장난꾸러기 평범한 초등학생일 뿐인데 너무 행복해서 마음이 뭉게뭉게 구름 같아. 지금 이 순간은 해외여행 떠난 주리도 안 부럽다고!

달콤한 설탕의 쓰디쓴 역사

초콜릿, 케이크, 아이스크림……. 우리가 좋아하는 이 음식들에는 모두 설탕이 들어있다.

설탕에는 마법의 힘이 들어있어서 쓰디쓴 카카오를 달콤한 초콜릿으로 변신시킨다. 하지만 설탕을 둘러싼 역사는 매우 비참하다.

설탕은 과거에 남태평양, 인도네시아 등에서 만들어져 인도, 중국, 페르시아 등을 거쳐 유럽에 전해졌다. 유럽 사람들은 달콤한 설탕을 먹기 위해 그들이 식민지로 삼은 아메리카 대륙에 사탕수수를 심고, 아프리카에서 흑인들을 잡아와 노예로 만들어 일을 시켰다. 덕분에 유럽 사람들은 예전에는 귀족이나 먹던 귀한 설탕을 서민들까지 널리 먹을 수 있게 되었다. 하지만 수많은 아프리카 사람들은 그들의 달콤함을 위해 노예로 잡혀와 엄청난 고통을 당한 것이다.

초등 수학 교과 연계표

수학 개념	본 책	관련 학년 및 단원	
		학년-학기	단원
거듭제곱	27p, 47p	중고등 수학	
경우의 수	93p, 162p, 186p	수학 상식	
근삿값(반올림과 버림)	41p	5-2	1. 수의 범위와 어림하기
기하학적 무늬 패턴	69p	1-2	5. 시계 보기와 규칙찾기
논리와 추론	121p	창의 수학	
뒤집기와 돌리기	153p	3-1	2. 평면도형
무게의 단위	111p	3-2	5. 들이와 무게
백분율	133p	6-1	4. 비와 비율
분수	111p	3-1	6. 분수와 소수
사각형의 포함 관계	132p	4-2	6. 다각형
사칙 연산	79p	5-1	1. 자연수의 혼합 계산
삼각수와 사각수	68p	2-2	6. 규칙 찾기
수학자-피타고라스	50p, 51p	수학 상식	
수형도	93p	수학 상식	
시간의 단위	175p	3-1	5. 길이와 시간
약수	23p	5-1	2. 약수와 배수
완전수	50p	5-1	2. 약수와 배수
전치 암호	138p, 141p	수학 상식	
정사각형	162p	4-2	6. 다각형
평행사변형	126p, 132p	4-2	6. 다각형
포포즈	55p	5-1	1. 자연수의 혼합 계산